Welcome to
Reading Tutor Starter

<리딩튜터 스타터> 시리즈는 독해를 처음 시작하는 학생들을 위한 독해 전문서입니다. 독해가 즐거워지는 놀라운 경험을 선사해 드리는 <리딩튜터 스타터> 시리즈가 3종으로 새롭게 탄생했어요. 다양한 분야의 소재를 재미있게 풀어낸 지문을 통해 영어 독해의 기초를 탄탄히 다져보세요. 즐거운 독해가 만드는 실력의 차이를 실감하게 될 거예요.

 **구성** 체계적인 학습을 위한 시리즈 구성 및 난이도

단어 수와 렉사일(Lexile) 지수를 기반으로 개발되어, 더욱 객관적으로 난이도를 비교·선택하실 수 있습니다.

70–90 words	90–110 words	100–120 words
200L–400L	300L–500L	400L–600L

 **특징** 독해의 기초를 다지는 <리딩튜터 스타터>만의 특징

- 독해를 처음 접하는 학생들이 흥미를 가질 수 있는 다채로운 소재를 선정하였습니다.
- 이해력을 높여주고 다양한 지식을 제공하는 Knowledge Bank 코너를 강화했습니다.
- 다양한 문제 유형을 통해 실질적인 독해 실력을 향상할 수 있습니다.

How to Study
Reading Tutor Starter

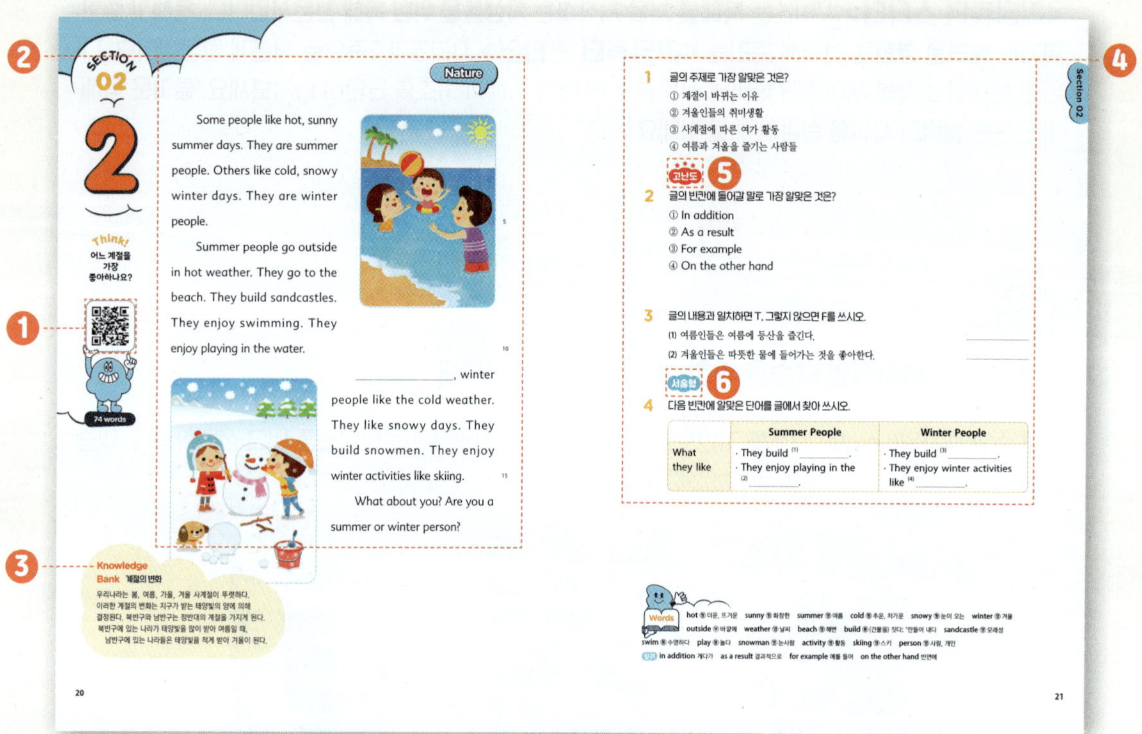

❶ QR코드

지문을 읽기 전에 녹음 파일을 듣고, 내용을 미리 파악해 보세요. 또, 학습 후 녹음 파일을 들으면서 복습할 수도 있어요.

❷ Reading

재미있고 상식도 쌓을 수 있는 지문을 읽어 보세요. 영어 독해 실력 향상은 물론, 상식을 넓히고 사고력도 기를 수 있어요.

❸ Knowledge Bank

지문 이해를 돕는 배경지식을 읽어 보세요. 지문이 이해가 안 될 때, 내용을 더 깊이 알고 싶을 때 큰 도움이 될 거예요.

❹ 최신 경향의 문제

최신 학습 경향을 반영한 다양한 문제를 풀어 보세요. 대의 파악부터 세부 정보 파악, 서술형 문제까지 정답을 보지 않고 스스로 푸는 것이 중요해요.

❺ 고난도

조금 어렵지만 풀고 나면 독해력이 한층 더 상승하는 것을 느낄 수 있어요. 한 번에 풀 수 없으면, 지문을 한 번 더 읽어 보세요.

❻ 서술형

서술형 문제로 독해력을 높이는 동시에 학교 내신 서술형 문제에도 대비할 수 있어요.

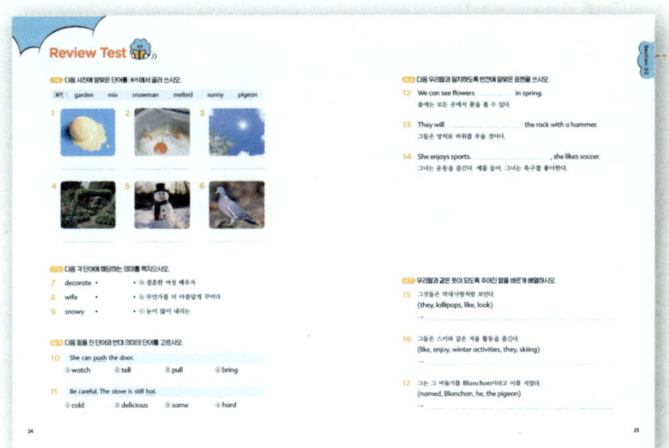

Review Test

각 섹션에서 배운 단어와 숙어를 반복 학습하고, 주요 문장과 구문을 복습해요. 단어와 숙어, 구문의 쓰임새를 더 잘 이해할 수 있어요.

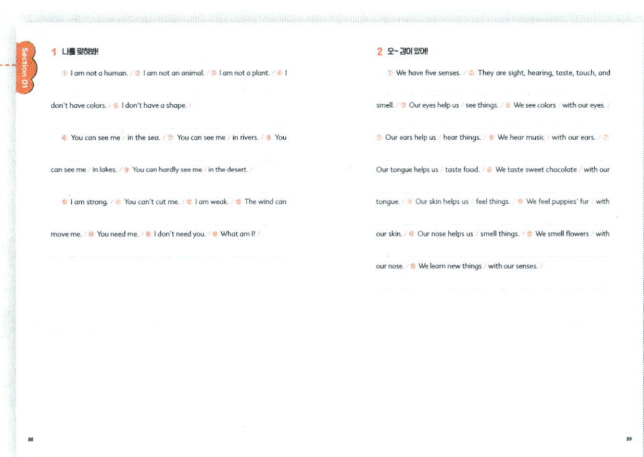

직독직해 워크시트

각 지문의 문장별 직독직해 훈련을 통해 배운 내용을 더 꼼꼼히 복습할 수 있어요.

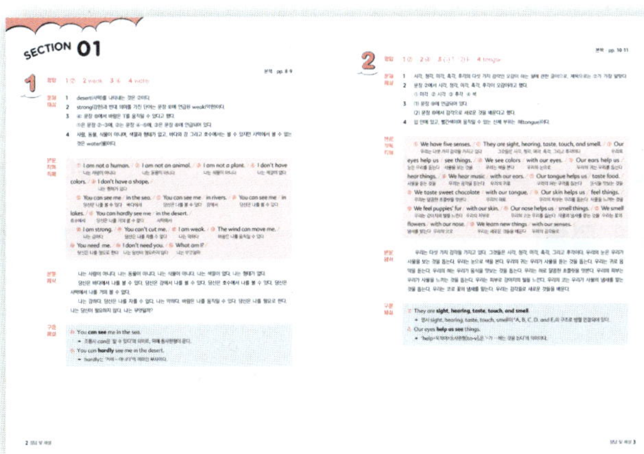

정답 및 해설

정답의 이유를 알려주는 문제 해설, 빠르게 해석할 수 있는 방법을 보여주는 직독직해, 한눈에 보는 본문 해석, 해석이 안 되는 부분이 없도록 도와주는 구문 해설로 알차게 구성했습니다.

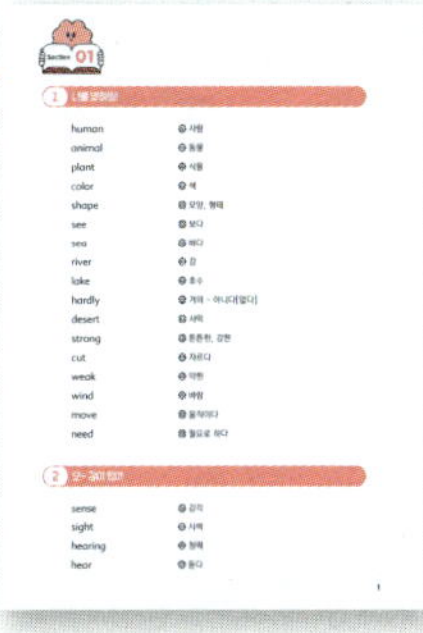

어휘 암기장

본문에 나온 단어와 숙어를 한눈에 볼 수 있도록 정리했습니다. 간단한 확인 문제도 있으니, 가지고 다니며 암기하고 확인해 볼 수 있어요.

Contents

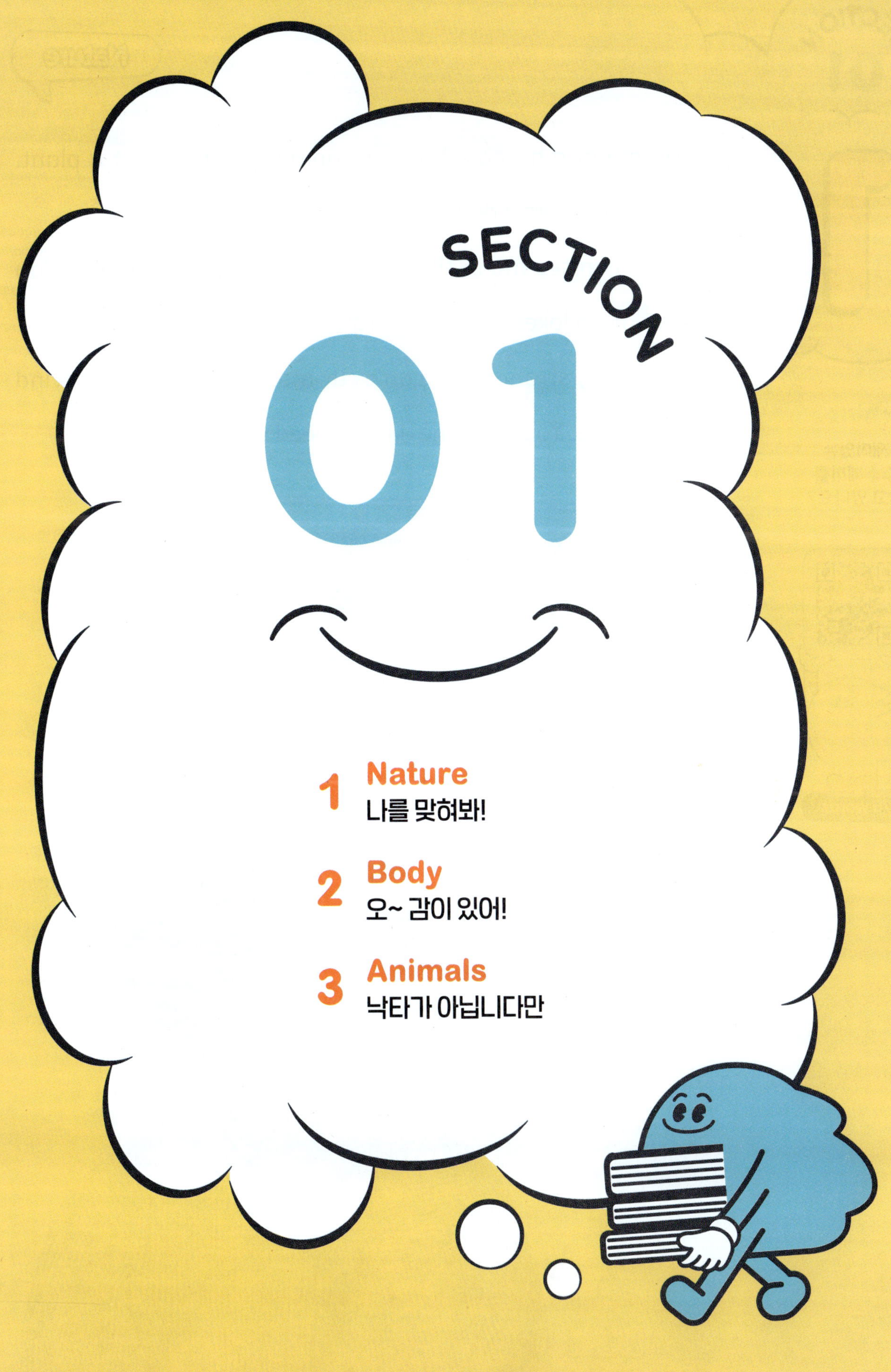

SECTION
01
1 Nature
나를 맞혀봐!
2 Body
오~ 감이 있어!
3 Animals
낙타가 아닙니다만

1

I am not a human. I am not an animal. I am not a plant. I don't have colors. I don't have a shape.

You can see me in the sea. You can see me in rivers. You can see me in lakes. You can hardly see me in (A) <u>the desert</u>.

I am (B) <u>strong</u>. You can't cut me. I am weak. The wind [5] can move me. You need me. I don't need you. What am I?

1 글의 밑줄 친 (A) <u>the desert</u>를 나타내는 것으로 가장 알맞은 것은?

① 　② 　③ 　④

2 글의 밑줄 친 (B) strong과 반대 의미의 단어를 글에서 찾아 쓰시오.

____

3 'I'에 관한 글의 내용과 일치하지 <u>않는</u> 것은?

① 동물이나 식물이 아니다.
② 색과 형태가 없다.
③ 호수에서 볼 수 있다.
④ 바람에 움직이지 않는다.

4 글의 'I'가 무엇인지 영어로 쓰시오.

____

Words　human 몡 사람　animal 몡 동물　plant 몡 식물　color 몡 색　shape 몡 모양, 형태　see 동 보다　sea 몡 바다
river 몡 강　lake 몡 호수　hardly 閈 거의 ~ 아니다[없다]　desert 몡 사막　strong 혱 튼튼한, 강한　cut 동 자르다
weak 혱 약한　wind 몡 바람　move 동 움직이다　need 동 필요로 하다

2

We have five senses. They are sight, hearing, taste, touch, and smell. Our eyes help us see things. We see colors with our eyes. Our ears help us hear things. We hear music with our ears. Our tongue helps us taste food. We taste [5] sweet chocolate with our tongue. Our skin helps us feel things. We feel puppies' fur with our skin. Our nose helps us smell things. We smell flowers with our nose. We learn new things with our senses.

Knowledge Bank

매운 음식을 먹으면 왜 땀이 날까?

매운 음식에는 캡사이신이라는 화합물이 들어 있다. 캡사이신은 우리의 혀를 자극하여 매운맛을 느끼게 하는데, 이때 우리 몸은 뜨거운 것을 먹는다는 착각을 하게 된다. 우리 몸은 체온을 낮추기 위해 땀을 흐르게 해 체온을 조절한다.

1 글의 제목으로 가장 알맞은 것은?

① 인간의 여섯 번째 감각

② 일상 속 다섯 가지 감각

③ 촉각으로 세상을 느끼는 법

④ 다양한 음식 맛보기의 즐거움

2 글의 five senses에 해당되지 <u>않는</u> 것은?

① taste

② sight

③ smell

④ color

3 글의 내용과 일치하면 T, 그렇지 않으면 F를 쓰시오.

(1) 피부는 사물의 촉감을 느끼도록 돕는다. ____________

(2) 감각은 새로운 것을 배울 때 도움이 되지 않는다. ____________

서술형

4 다음 설명에 해당하는 것을 글에서 찾아 쓰시오.

> • 입 안에 있는 신체 부위이다.
> • 빨간색이다.
> • 당신은 그것을 움직일 수 있다.

____

Words   sense 명 감각   sight 명 시력   hearing 명 청력(hear 동 듣다)   taste 명 미각 동 맛을 느끼다   touch 명 촉각
smell 명 후각 동 냄새 맡다   eye 명 눈   help 동 돕다   thing 명 것; 물건, 사물   ear 명 귀   music 명 음악   tongue 명 혀
food 명 음식   sweet 형 달콤한   chocolate 명 초콜릿   skin 명 피부   feel 동 (촉감으로) 느끼다   puppy 명 강아지   fur 명 털   nose 명 코
flower 명 꽃   learn 동 배우다   new 형 새로운

Think!
라마를 관찰한
적이 있나요?

Do you know about llamas? They look like camels. But llamas don't have humps. They have a small head. They have a long neck. They have long ears. They also have four long legs. Each foot has two toenails. Llamas live in *South America. They walk up to 26 kilometers a day. They go a long time without [5] water. They carry heavy things for people. So they are very ______________ to people!

*South America 남아메리카

Knowledge Bank 라마

라마는 호기심이 많고 사회성이 발달한 동물이다. 라마는 다른 동물들과 함께 지내는 것을 꺼리지 않으며 사람에게도 잘 다가간다. 남아메리카 지역에서는 소수의 라마가 위협으로부터 양 떼를 지키기도 한다.

1 라마에 관한 글의 내용과 일치하면 T, 그렇지 않으면 F를 쓰시오.

(1) 낙타와 마찬가지로 혹이 있다. ＿＿＿＿＿＿

(2) 물 없이도 오래 이동한다. ＿＿＿＿＿＿

★★★
고난도

2 글의 빈칸에 들어갈 말로 가장 알맞은 것은?

① large　　　② famous　　　③ helpful　　　④ different

3 다음 뜻풀이에 해당하는 단어를 글에서 찾아 쓰시오.

> 무게가 많이 나가는

＿＿＿＿＿＿＿＿＿＿＿＿

4 다음 질문에 알맞은 답을 숫자로 쓰시오.

> Q: 라마 한 마리는 총 몇 개의 발톱을 가지고 있는가?

＿＿＿＿＿＿＿＿

Words　llama 몡 라마　look like ~처럼 보이다　camel 몡 낙타　hump 몡 혹　head 몡 머리　neck 몡 목　leg 몡 다리
each 혱 각각의　toenail 몡 발톱　live 통 살다　walk 통 걷다　up to ~까지　without 전 ~없이　carry 통 나르다
heavy 혱 무거운　people 몡 사람들　**문제** large 혱 큰　famous 혱 유명한　helpful 혱 도움이 되는　different 혱 다른

Review Test

 다음 사진에 알맞은 단어를 보기 에서 골라 쓰시오.

| 보기 | toenail | color | puppy | chocolate | walk | plant |

1

2

3

4

5

6

7-9 다음 각 단어에 해당하는 의미를 짝지으시오.

7 famous •   • ⓐ 한 곳에서 다른 한 곳으로 가다

8 learn •   • ⓑ 새로운 무언가를 이해하다

9 move •   • ⓒ 많은 사람들에게 알려진

10-11 다음 밑줄 친 단어와 반대 의미의 단어를 고르시오.

10 She bought a <u>new</u> shirt yesterday.

① sweet   ② famous   ③ different   ④ old

11 Each flower has a <u>different</u> color.

① big   ② heavy   ③ same   ④ weak

12-14 다음 우리말과 일치하도록 빈칸에 알맞은 표현을 쓰시오.

12 I ___________ slept last night.
나는 어젯밤에 거의 자지 못했다.

13 You can invite ___________ ___________ five friends to the party.
당신은 파티에 5명의 친구들까지 초대할 수 있습니다.

14 I made cookies ___________ sugar.
나는 설탕 없이 쿠키를 만들었다.

15-17 우리말과 같은 뜻이 되도록 주어진 말을 바르게 배열하시오.

15 당신은 바다에서 나를 볼 수 있다.
(see, me, can, the sea, you, in)

→ _______________________________________

16 각각의 발은 두 개의 발톱을 가지고 있다.
(toenails, has, foot, two, each)

→ _______________________________________

17 우리의 혀는 우리가 음식을 맛보는 것을 돕는다.
(tongue, taste, us, food, our, helps)

→ _______________________________________

동물원에서는 동물을
소중하게 대해주세요.

다음 그림에 숨겨진 물건들을 찾아보세요.

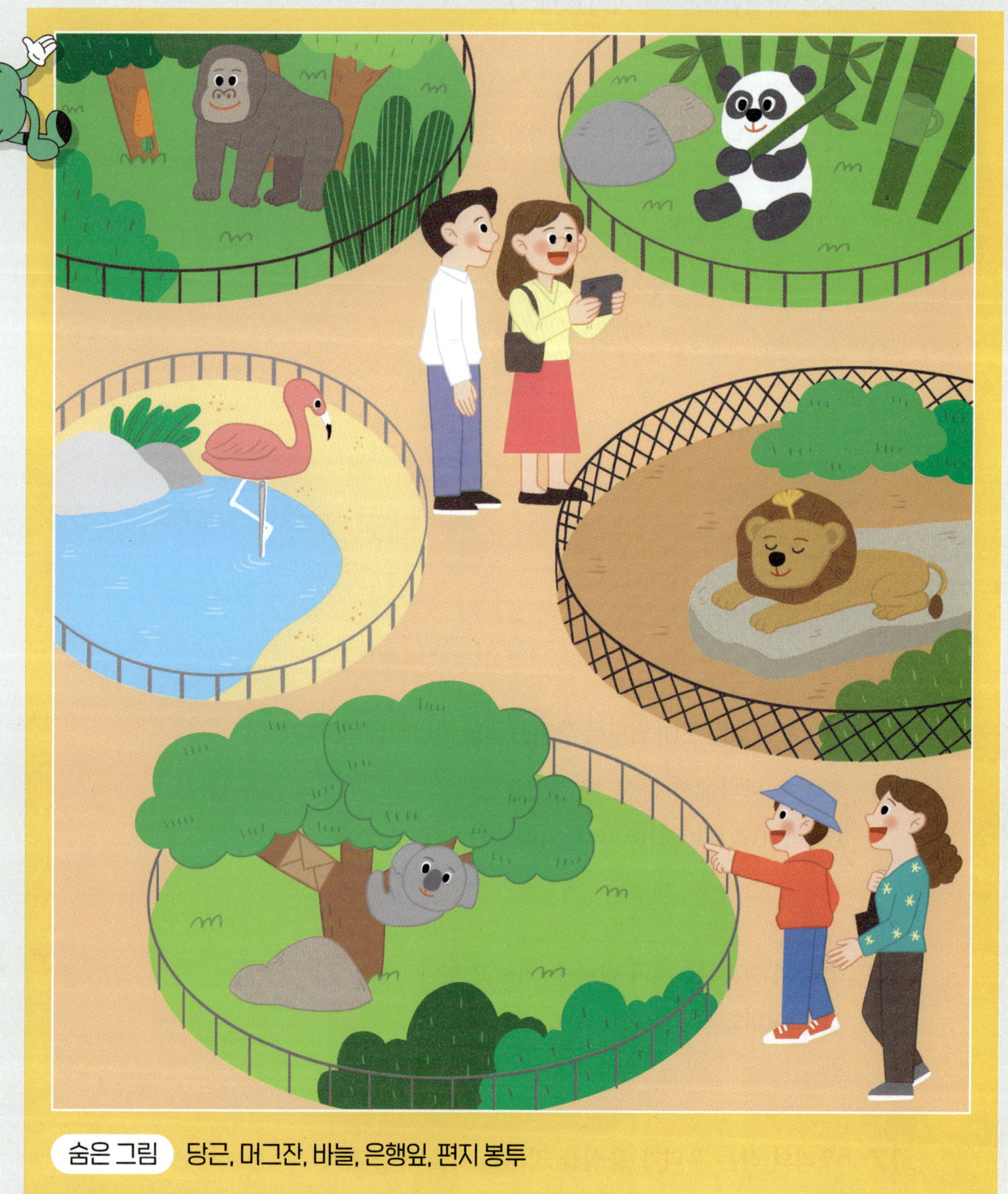

동물원에서는 동물들을 존중해야 해요. 자는 동물을 깨우거나, 동물들에게 소리를 지르는 행위는 절대 해서는 안 돼요. 최근 동물원들은 동물들이 안전한 환경을 만들기 위해 많은 노력을 기울이고 있어요. 세계 최대의 동물원 중 하나인 샌디에이고 동물원은 자연 서식지에 가까운 환경을 제공하고, 멸종 위기 동물 보호에 힘쓰고 있어요.

SECTION

02

74 words

A party is over. But you still have half of the cake. You can make *cake pops with it. They look like lollipops.

1. Break up the cake. Add milk and mix it.

2. Roll it into balls. They should be the same size.

3. Cover each ball with melted chocolate.

4. Push a lollipop stick into each ball.

5. Decorate them with toppings.

6. Wait until they get hard.

   Enjoy your dessert!

*cake pop 케이크 팝(막대사탕처럼 케이크를 동그란 모양으로 만든 후식)

Knowledge Bank 케이크 팝

케이크 팝은 2008년 미국의 한 SNS에서 처음 소개된 이후 큰 인기를 끌기 시작했다. 눈사람이나 캐릭터 등 원하는 모양으로 만들 수 있다는 점이 케이크 팝의 매력 중 하나이다. 오늘날 케이크 팝은 미국의 제과점이나 카페에서 쉽게 찾아볼 수 있다.

1 글의 형식으로 가장 알맞은 것은?

① letter   ② essay   ③ poem   ④ recipe

2 케이크 팝을 만들기 위해 필요한 재료가 <u>아닌</u> 것은?

① 케이크
② 계란
③ 우유
④ 초콜릿

3 다음 뜻풀이에 해당하는 단어를 글에서 찾아 쓰시오.

> 식사 후 먹는 달콤한 음식

____

서술형

4 다음 빈칸에 알맞은 단어를 글에서 찾아 쓰시오.

How to make delicious cake pops

1.	Break up the (1) __________ .
2.	Make balls the same (2) __________ .
3.	Cover the balls with (3) __________ chocolate.
4.	Let the cake pops get (4) __________ .

Words   over (부)끝이 난   still (부)아직도   half of ~의 반   lollipop (명)막대사탕   break up ~를 부수다   add (동)더하다
milk (명)우유   mix (동)섞다   roll (동)굴리다   ball (명)공; *공 모양의 물체   same (형)같은   size (명)크기   cover (동)씌우다;
*바르다[뒤덮다]   melted (형)녹은   push (동)밀다   stick (명)나뭇가지; *막대[꼬챙이]   decorate (동)장식하다   topping (명)(음식 위에 얹는) 고명,
토핑   wait (동)기다리다   until (접)~까지   get (동)받다; *(어떤 상태가) 되다   hard (형)단단한, 딱딱한   enjoy (동)즐기다   dessert (명)디저트, 후식
문제 letter (명)편지   essay (명)수필   poem (명)시   recipe (명)요리법   delicious (형)맛있는   let (동)(~하게) 놓아두다

2

Think!

어느 계절을
가장
좋아하나요?

74 words

Some people like hot, sunny summer days. They are summer people. Others like cold, snowy winter days. They are winter people.

Summer people go outside in hot weather. They go to the beach. They build sandcastles. They enjoy swimming. They enjoy playing in the water.

5

10

_________________, winter people like the cold weather. They like snowy days. They build snowmen. They enjoy winter activities like skiing.

15

What about you? Are you a summer or winter person?

Knowledge Bank 계절의 변화

우리나라는 봄, 여름, 가을, 겨울 사계절이 뚜렷하다.
이러한 계절의 변화는 지구가 받는 태양빛의 양에 의해
결정된다. 북반구와 남반구는 정반대의 계절을 가지게 된다.
북반구에 있는 나라가 태양빛을 많이 받아 여름일 때,
남반구에 있는 나라들은 태양빛을 적게 받아 겨울이 된다.

1 글의 주제로 가장 알맞은 것은?

① 계절이 바뀌는 이유

② 겨울인들의 취미생활

③ 사계절에 따른 여가 활동

④ 여름과 겨울을 즐기는 사람들

고난도

2 글의 빈칸에 들어갈 말로 가장 알맞은 것은?

① In addition

② As a result

③ For example

④ On the other hand

3 글의 내용과 일치하면 T, 그렇지 않으면 F를 쓰시오.

(1) 여름인들은 여름에 등산을 즐긴다. ______________

(2) 겨울인들은 따뜻한 물에 들어가는 것을 좋아한다. ______________

서술형

4 다음 빈칸에 알맞은 단어를 글에서 찾아 쓰시오.

	Summer People	Winter People
What they like	· They build (1) __________. · They enjoy playing in the (2) __________.	· They build (3) __________. · They enjoy winter activities like (4) __________.

Words   hot (형)더운, 뜨거운   sunny (형)화창한   summer (명)여름   cold (형)추운, 차가운   snowy (형)눈이 오는   winter (명)겨울
outside (부)바깥에   weather (명)날씨   beach (명)해변   build (동)(건물을) 짓다; *만들어 내다   sandcastle (명)모래성
swim (동)수영하다   play (동)놀다   snowman (명)눈사람   activity (명)활동   skiing (명)스키   person (명)사람, 개인
문제   in addition 게다가   as a result 결과적으로   for example 예를 들어   on the other hand 반면에

3

A baby pigeon fell out of a tree. An elderly man saw it. (A) So he did. (B) ⓐ <u>She</u> said, "Bring it home!" (C) He told his wife. He named the pigeon Blanchon. ⓑ <u>She</u> goes everywhere with him now. ⓒ <u>She</u> likes to sit on his shoulder. ⓓ <u>She</u> watches him in his workshop. She spends time with him in his garden. [5] People ask, "How can you ______________________?" He says it's easy. He just respects the bird.

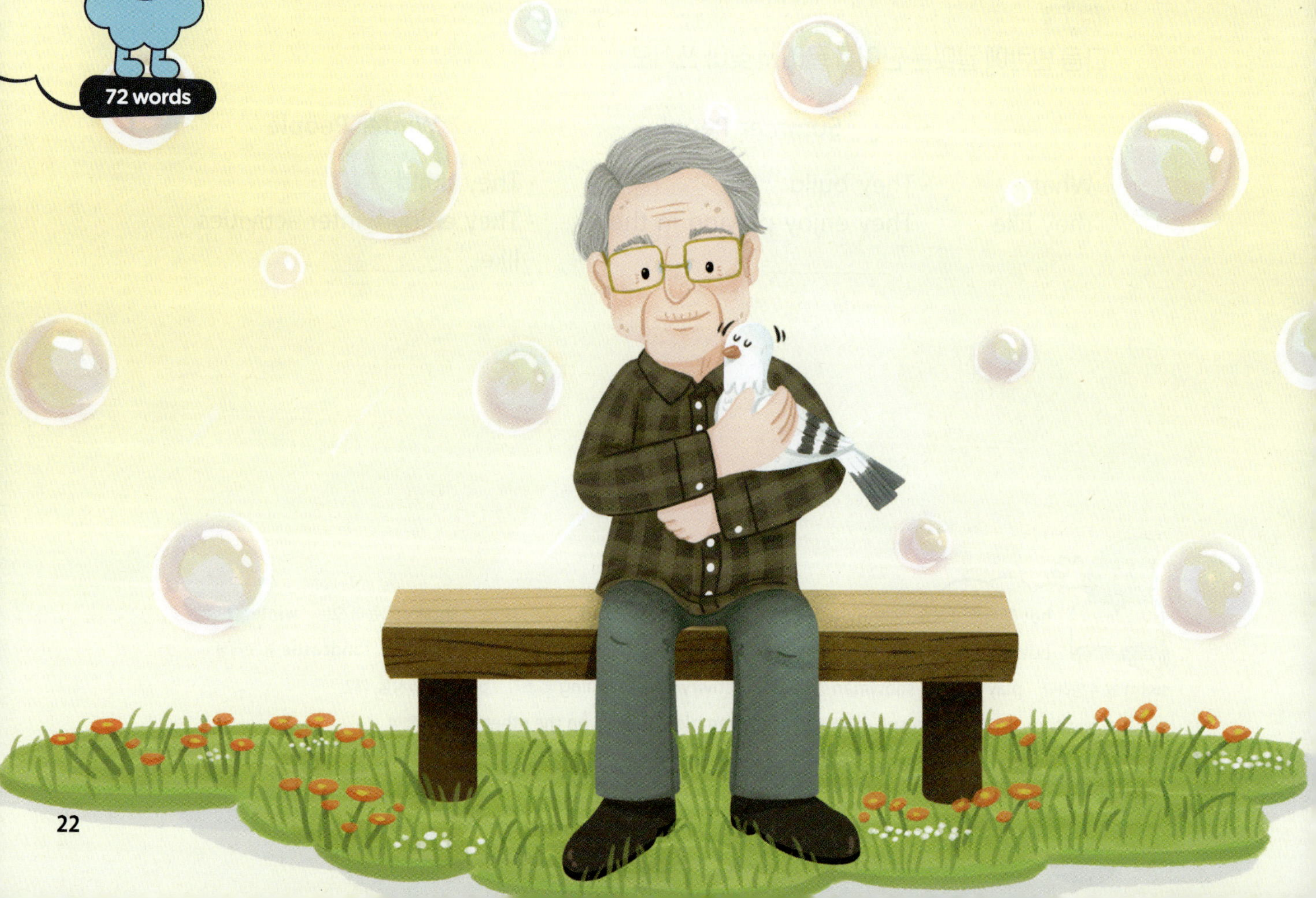

Think!

동물과 친구가 되려면 어떻게 해야 할까요?

72 words

1 문장 (A)~(C)를 글의 흐름에 알맞게 배열한 것은?

① (A)-(C)-(B)   ② (B)-(A)-(C)
③ (C)-(A)-(B)   ④ (C)-(B)-(A)

2 글의 빈칸에 들어갈 말로 가장 알맞은 것은?

① respect your wife
② be friends with a bird
③ grow trees in your garden
④ feed birds in your workshop

3 Blanchon에 관한 글의 내용과 일치하는 것은?

① 나무에서 떨어진 적이 없다.
② 노인의 아내에게 처음 발견되었다.
③ 노인이 이름을 지어주었다.
④ 노인의 무릎에 앉는 것을 좋아한다.

4 글의 밑줄 친 ⓐ~ⓓ 중, 가리키는 대상이 나머지 넷과 <u>다른</u> 것은?

① ⓐ   ② ⓑ   ③ ⓒ   ④ ⓓ

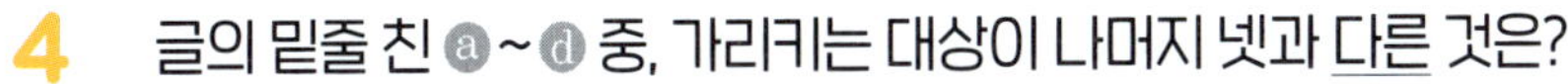

Words   **baby** 몡 아기, 새끼   **pigeon** 몡 비둘기   **fall** 통 떨어지다(fall-fell-fallen)   **elderly** 혱 연세가 드신   **bring** 통 가져오다, 데려오다   **tell** 통 말하다(tell-told-told)   **wife** 몡 아내, 부인   **name** 통 이름 짓다   **everywhere** 뷔 모든 곳에   **sit** 통 앉다   **shoulder** 몡 어깨   **watch** 통 보다, 지켜보다   **workshop** 몡 작업장   **spend** 통 (돈을) 쓰다; *(시간을) 보내다   **time** 몡 시간   **garden** 몡 정원   **easy** 혱 쉬운   **respect** 통 존중하다   문제 **friend** 몡 친구   **grow** 통 키우다, 기르다   **tree** 몡 나무   **feed** 통 먹이를 주다

1-6 다음 사진에 알맞은 단어를 보기에서 골라 쓰시오.

보기 | garden　　mix　　snowman　　melted　　sunny　　pigeon

7-9 다음 각 단어에 해당하는 의미를 짝지으시오.

7　decorate　•　　　　•　ⓐ 결혼한 여성 배우자

8　wife　•　　　　•　ⓑ 무언가를 더 아름답게 꾸미다

9　snowy　•　　　　•　ⓒ 눈이 많이 내리는

10-11 다음 밑줄 친 단어와 반대 의미의 단어를 고르시오.

10　She can <u>push</u> the door.

　　① watch　　② tell　　③ pull　　④ bring

11　Be careful. The stove is still <u>hot</u>.

　　① cold　　② delicious　　③ same　　④ hard

12-14 다음 우리말과 일치하도록 빈칸에 알맞은 표현을 쓰시오.

12 We can see flowers ______________ in spring.
봄에는 모든 곳에서 꽃을 볼 수 있다.

13 They will ______________ ______________ the rock with a hammer.
그들은 망치로 바위를 부술 것이다.

14 She enjoys sports. ______________ ______________, she likes soccer.
그녀는 운동을 즐긴다. 예를 들어, 그녀는 축구를 좋아한다.

15-17 우리말과 같은 뜻이 되도록 주어진 말을 바르게 배열하시오.

15 그것들은 막대사탕처럼 보인다.
(they, lollipops, like, look)

→ ____

16 그들은 스키와 같은 겨울 활동을 즐긴다.
(like, enjoy, winter activities, they, skiing)

→ ____

17 그는 그 비둘기를 Blanchon이라고 이름 지었다.
(named, Blanchon, he, the pigeon)

→ ____

물놀이 할 때,
이것만은 꼭!

다음 두 그림을 보고 다른 곳 다섯 군데를 찾아 동그라미 하세요.

물놀이를 하기 전 가벼운 준비 운동은 필수예요. 체온과 근육의 온도를 올린 뒤, 심장에서 먼 부분부터 물을 적시고 물에 들어가는 것이 좋아요. 또한 깊지 않은 수심에서 안전하게 물놀이를 즐겨야 해요. 위기 시에 도움을 요청할 수 있는 어른들이 있는 곳에서 수영하면 더욱 좋겠죠?

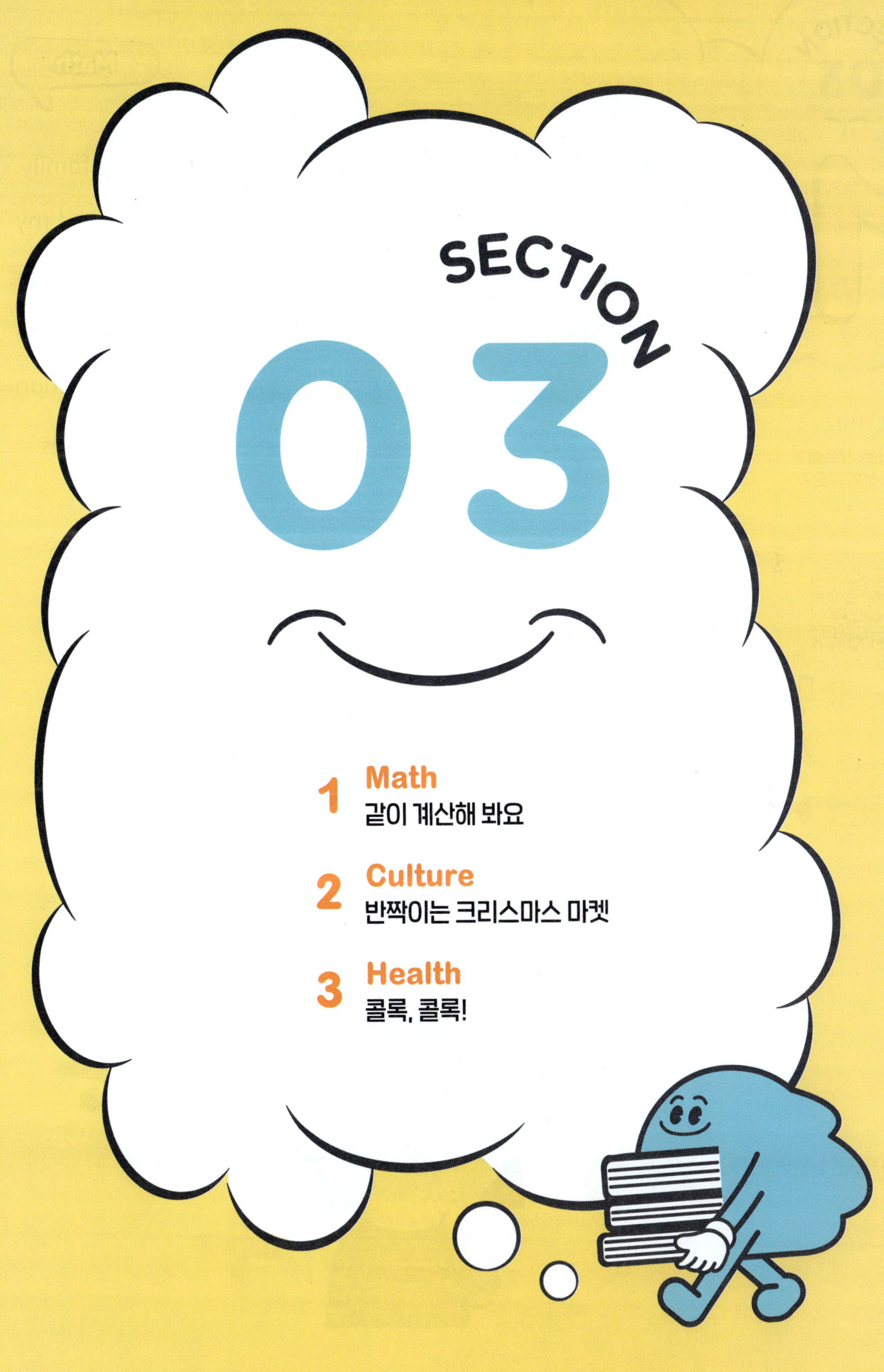

SECTION
03

1

Hi, my name is Luna. There are four people in my family. Let me introduce them. There are my dad, my mom, and my older sister. I love them all. Let's play a game. Try guessing their ages. It will be fun! Here are some hints. I am ten years old. My dad is four times my age. My mom is two years younger than [5] my dad. My sister is three years older than me. Can you guess their ages?

1 글의 주제로 가장 알맞은 것은?

① 가족 퀴즈 대회

② 가족 나이 알아맞히기

③ 우리 가족의 이색 취미

④ 가족을 소개하는 몇 가지 방법

2 글의 내용과 일치하지 <u>않는</u> 것은?

① Luna는 열 살이다.

② 아빠의 나이는 Luna의 나이의 3배이다.

③ 엄마의 나이는 아빠의 나이보다 두 살 어리다.

④ 언니는 Luna보다 세 살이 더 많다.

3 다음 뜻풀이에 해당하는 단어를 글에서 찾아 쓰시오.

> 사람이나 사물 등을 다른 사람에게 처음으로 알리거나 설명하다

____

4 Luna의 가족 4명의 나이를 <u>모두</u> 더한 값을 쓰시오.

____

introduce ⑧소개하다　**play** ⑧놀다, (게임·놀이 등을) 하다　**try** ⑧노력하다; *시도하다, 해보다　**guess** ⑧추측하다;
*알아맞히다　**age** ⑨나이　**fun** ⑱재미있는　**hint** ⑨힌트, 암시　**old** ⑱나이가 ~인; 늙은, 나이 많은　**young** ⑱어린

2

66 words

Saturday, December 20

My family and I are in Germany. We went to the Christmas market today.

We bought cute toys. We bought some cups. We like them!

We were hungry. We ate cookies. We ate sausages. We ate pizza, too.

There were parades. We took pictures. We sang Christmas songs. We also danced. It was so much fun.

We were happy. We'll go there again!

Knowledge Bank 크리스마스 마켓

크리스마스 마켓은 성탄절을 기념하는 전통 행사로, 보통 11월 말부터 12월 24일 크리스마스이브까지 약 한 달간 열린다. 주로 독일, 스위스, 오스트리아 등의 국가에서 성대하게 치르는 것으로 유명하다. 그중 독일에만 약 130개가 넘는 크리스마스 마켓이 있으며, 지방마다 독특하고 멋진 마켓을 자랑한다.

1 글의 형식으로 가장 알맞은 것은?

① 편지 　　　　② 일기 　　　　③ 광고 　　　　④ 안내문

2 글의 밑줄 친 <u>My family and I</u>가 먹지 <u>않은</u> 음식은?

① 　② 　③ 　④ 

3 글의 내용과 일치하면 T, 그렇지 않으면 F를 쓰시오.

(1) 'I'와 가족들은 독일에 있다. ________________

(2) 'I'와 가족들은 장난감과 양말을 샀다. ________________

(3) 'I'와 가족들은 퍼레이드를 보고 사진을 찍었다. ________________

4 글에 나타난 'I'의 심경으로 가장 알맞은 것은?

① 화난 　　　　② 지루한 　　　　③ 긴장한 　　　　④ 행복한

Words　Saturday 몡 토요일　December 몡 12월　Germany 몡 독일　market 몡 시장　today 뫼 오늘　buy 통 사다(buy-bought-bought)　cute 혱 귀여운　toy 몡 장난감　hungry 혱 배고픈　eat 통 먹다(eat-ate-eaten)　sausage 몡 소시지　parade 몡 퍼레이드　take a picture 사진을 찍다　sing 통 노래하다(sing-sang-sung)　song 몡 노래　dance 통 춤을 추다　happy 혱 행복한

3

Everyone coughs. When you cough, air comes out of your lungs. Why do we cough? Something affects our breathing. Then we cough. Many things can make us cough. Smoke can make us cough. Dust can make us cough. Cold weather can also make us cough. Coughing clears bad things out of our [5] bodies. It is like our body's ____________! Do you cough a lot? You need to visit a doctor.

Knowledge Bank 기침과 재채기

기침과 재채기는 몸이 자신을 보호하려고 하는 반응이다. 기침은 목이나 폐에 이물질이 들어올 때 일어난다. 기침이 계속되면 몸에 문제가 생긴 것일 수도 있다. 8주 이상 기침이 계속된다면 병원에 가서 진찰을 받아야 한다. 재채기는 코 안쪽이 먼지나 강한 냄새 같은 것에 자극을 받으면 일어난다. 재채기를 자주 한다면 감기나 알레르기 때문일 수 있다. 둘의 차이점은 기침은 주로 목과 폐에서 일어나고, 재채기는 코에서 일어난다는 것이다. 기침은 "콜록콜록", 재채기는 "에취!" 소리로 구분할 수 있다.

1 글의 주제로 가장 알맞은 것은?

① 기침과 관련된 질병
② 과도한 기침의 위험성
③ 기침과 생활 습관의 관계
④ 우리가 기침을 하는 이유

2 글의 내용과 일치하면 T, 그렇지 않으면 F를 쓰시오.

(1) 연기로 인해 기침을 할 수도 있다. ___________

(2) 기침을 많이 하면 먼지들이 몸 안에 쌓일 수 있다. ___________

고난도

3 글의 빈칸에 들어갈 말로 가장 알맞은 것은?

① clock
② music
③ family
④ cleaner

서술형

4 다음 빈칸에 알맞은 표현을 글에서 찾아 쓰시오.

> Q: What should you do if you cough a lot?
> A: I should ___________ ___________ ___________.

Words everyone 몡 모든 사람, 모두 cough 동 기침을 하다 (coughing 몡 기침(하기)) air 몡 공기 come 동 오다; *나오다 out of ~의 밖으로 lung 몡 폐 affect 동 영향을 미치다 breathing 몡 호흡 smoke 몡 연기 dust 몡 먼지 clear 동 치우다, 제거하다 body 몡 몸 visit 동 방문하다 doctor 몡 의사 **문제** clock 몡 시계 cleaner 몡 청소부; *청소기

Review Test

| 보기 | toy   doctor   sausage   cleaner   dance   clock |

1

2
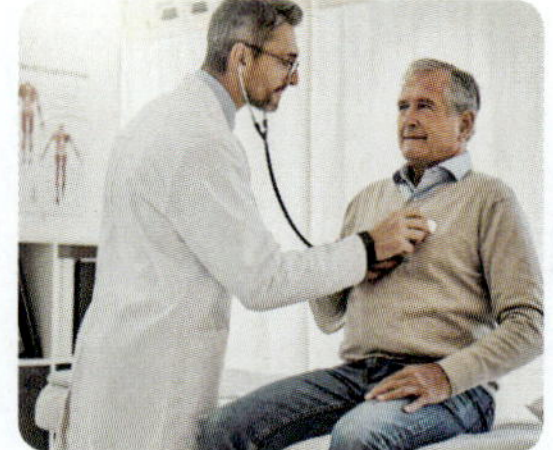

3

4

5

6

7-9 다음 각 단어에 해당하는 의미를 짝지으시오.

7 air •

• ⓐ 숨을 쉬게 해주는 몸의 기관

8 lung •

• ⓑ 지구를 둘러싸고 있는 냄새와 색이 없는 기체

9 market •

• ⓒ 사람들이 물건을 사고파는 곳

10-11 다음 밑줄 친 단어와 반대 의미의 단어를 고르시오.

10 My dog is <u>old</u>, but he is still healthy.

① fun   ② cute   ③ young   ④ happy

11 I will <u>buy</u> a new book this weekend.

① guess   ② introduce   ③ eat   ④ sell

12-14 다음 우리말과 일치하도록 빈칸에 알맞은 표현을 쓰시오.

12 The cat jumped ______________ ______________ the box.
고양이가 상자 밖으로 뛰어 나왔다.

13 ______________ ______________ this book. It's fun.
이 책을 읽어보세요. 재미있어요.

14 I like to ______________ ______________ of the sky.
나는 하늘의 사진들을 찍는 것을 좋아한다.

15-17 우리말과 같은 뜻이 되도록 주어진 말을 바르게 배열하시오.

15 퍼레이드가 있었다.
(were, parades, there)

→ ______________________________________

16 연기는 우리를 기침하게 만들 수 있다.
(us, smoke, cough, can, make)

→ ______________________________________

17 그들을 소개할게.
(them, let, introduce, me)

→ ______________________________________

공원에서 길을 잃었어요!
어디로 가야 할까요?

다음 미로에서 출구로 가는 길을 찾아보세요.

SECTION
04
1 Stories
메달리스트 고양이

2 Jobs
우리들의 영웅

3 Environment
세상에서 가장 특별한 연주

1

Brave animals are given the Dickin Medal. Only one cat ever got it. ⓐ <u>His</u> name was Simon. A British sailor found Simon in Hong Kong in 1948. ⓑ <u>He</u> brought Simon to his ship. On the ship, Simon caught rats. <u>This</u> kept the ship's food safe. One day, Simon was hurt in an attack. However, ⓒ <u>he</u> did his job anyway. The ship returned home. Simon was going to get the Dickin Medal. Sadly, ⓓ <u>he</u> died first. He was given the medal after he died.

5

Think!
용감한 행동이란
무엇일까요?

83 words

Knowledge Bank 디킨 메달(Dickin Medal)

디킨 메달은 영국의 구호단체인 PDSA에서 수여하는 상으로, 2차 세계대전에서 활약한 동물들을 기리기 위해 1943년에 만들어졌다. 가장 많은 메달을 받은 동물은 2차 세계대전 당시 통신수단으로 활약한 비둘기이다.

1 글의 제목으로 가장 알맞은 것은?

① 동물들을 안전하게 지키기

② 용감한 고양이의 이야기

③ 최초의 디킨 메달

④ 고양이를 사랑한 선원

2 글의 밑줄 친 ⓐ~ⓓ 중, 가리키는 대상이 나머지 넷과 <u>다른</u> 것은?

① ⓐ　　　　② ⓑ　　　　③ ⓒ　　　　④ ⓓ

3 Simon에 관한 글의 내용과 일치하지 <u>않는</u> 것은?

① 디킨 메달을 받은 유일한 고양이다.

② 한 선원이 그를 배로 데려갔다.

③ 공격으로 다친 선원들을 도왔다.

④ 디킨 메달을 받기 전에 세상을 떠났다.

서술형

4 글의 밑줄 친 <u>This</u>가 가리키는 내용을 우리말로 쓰시오.

____

Words brave 형 용감한　ever 부 이제까지　British 형 영국의　sailor 명 선원, 뱃사람　ship 명 배　catch 동 잡다 (catch-caught-caught)　rat 명 쥐　keep 동 유지하다, 지키다(keep-kept-kept)　safe 형 안전한　hurt 동 다치게[아프게] 하다 (hurt-hurt-hurt)　attack 명 공격　however 접 그러나　job 명 일　anyway 부 그래도　return 동 돌아오다[가다]　home 명 집; *고국, 고향　sadly 부 슬프게도　die 동 죽다　first 부 최초의; *먼저

2

71 words

Firefighters are our heroes. They save people from danger. They also save animals. They put out fires. They spray water on fires with long hoses. Fire and smoke are very dangerous. So firefighters wear special clothes. They also wear special helmets. Firefighters drive big trucks. They are called fire [5] engines. (a) Sometimes, they give first aid. (b) They work day and night. (c) Police officers work as much as firefighters. (d) Firefighters are brave heroes!

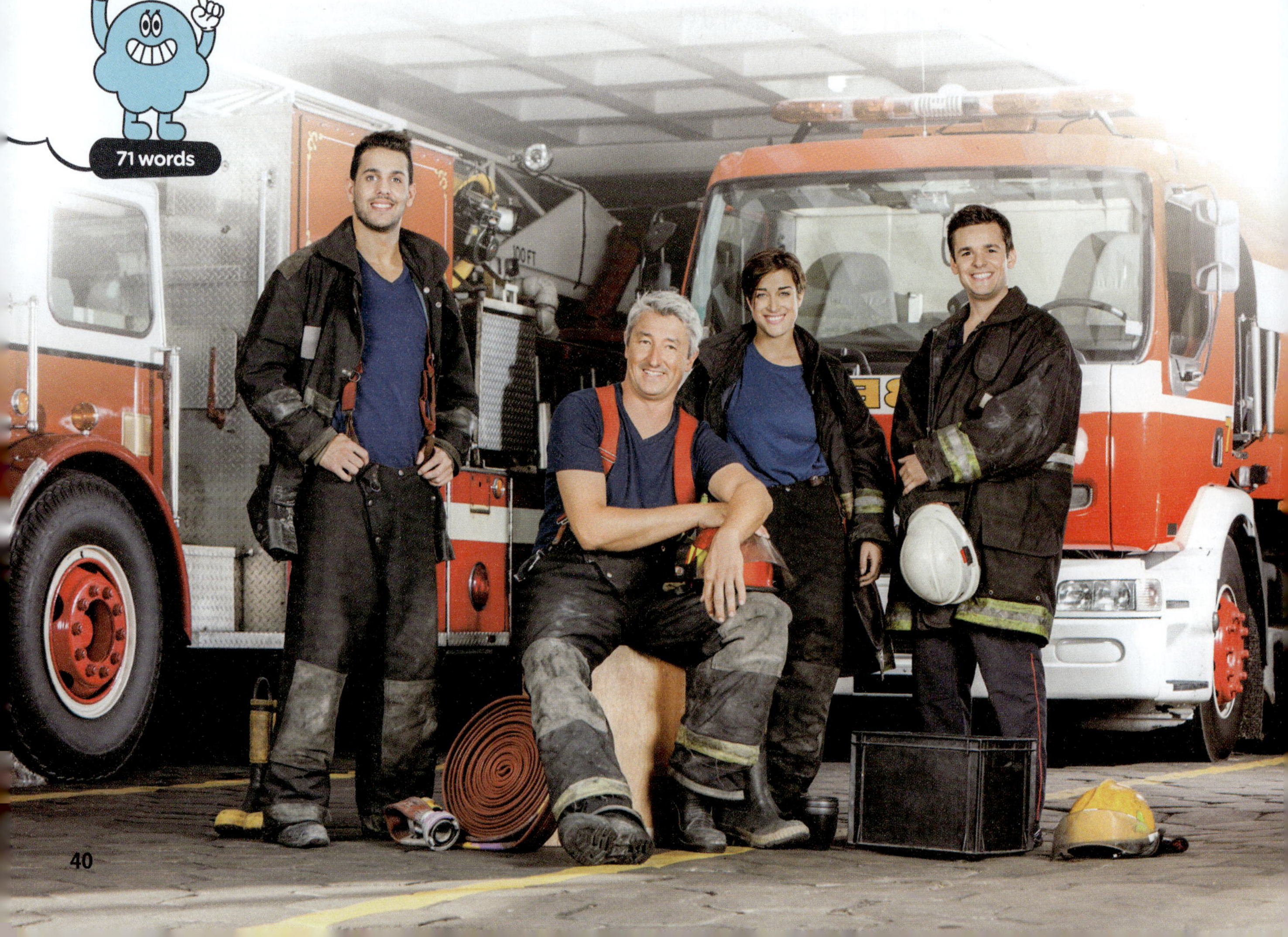

1 글의 주제로 가장 알맞은 것은?

① 화재 예방의 중요성

② 소방관의 역할과 책임

③ 소방관을 위한 유용한 발명품

④ 화재 시 동물과 함께 대피하는 요령

2 글에서 소방관에 관해 언급되지 <u>않은</u> 것은?

① 소방관이 구조하는 대상

② 소방관이 불을 끄는 도구

③ 소방관이 착용하는 옷과 보호장비

④ 소방관이 훈련하는 장소

3 글의 (a)~(d) 중, 전체 흐름과 관계<u>없는</u> 문장은?

① (a)　　　　② (b)　　　　③ (c)　　　　④ (d)

4 다음 뜻풀이에 해당하는 단어를 글에서 찾아 쓰시오.

> 누군가를 위험한 상황으로부터 벗어나게 하다

____

Words firefighter 몡 소방관　hero 몡 영웅　save 통 구하다　danger 몡 위험(dangerous 혱 위험한)　put out (불을) 끄다
spray 통 뿌리다　hose 몡 호스　wear 통 입고[쓰고] 있다　special 혱 특별한　clothes 몡 옷　helmet 몡 헬멧
drive 통 운전하다　fire engine 몡 소방차　give first aid 응급처치를 하다　work 통 일하다　day and night 밤낮으로
police officer 몡 경찰관

SECTION 04

3

Think!
재활용품으로
무엇을 만들어
보았나요?

57 words

Let's make instruments! I brought my old skateboard. I added guitar strings to it. It became a guitar! My friend Elsa brought cans. She put some film on each can. They became drums! My friend Jack brought plastic bottles. He put beans in them. They became *maracas! We played them together. We made nice music. What great ___________! 5

*maracas 마라카스

1 글의 제목으로 가장 알맞은 것은?

① 환경 보호를 위한 우리의 노력

② 재활용 물품을 어떻게 분리하는가?

③ 연습만이 완벽한 악기 연주를 만든다

④ 재활용품 악기로 탄생한 아름다운 연주

2 글의 내용과 일치하면 T, 그렇지 않으면 F를 쓰시오.

(1) I는 오래된 스케이트보드에 기타 줄을 달았다. _______________

(2) Elsa는 깡통으로 마라카스를 만들었다. _______________

서술형

3 글의 밑줄 친 <u>them</u>이 가리키는 것을 글에서 찾아 쓰시오.

____

4 글의 빈칸에 들어갈 말로 가장 알맞은 것은?

① news   ② dancing   ③ harmony   ④ paintings

Knowledge Bank 카테우라 재활용 오케스트라

파라과이의 쓰레기 매립지에 형성된 빈민촌 카테우라 마을에는 '카테우라 재활용 오케스트라'로 불리는 어린이 오케스트라가 있다. 이 오케스트라는 아이들이 쓰레기를 재활용해 만든 악기로 연주한다. 첼로는 기름통과 버려진 목재로, 색소폰은 낡은 배수관과 병마개로 만들어졌다. 또한, 드럼은 엑스레이 필름으로, 바이올린은 페인트통과 포크를 이용해 제작되었다. 이들은 전 세계 40여 나라에서 공연하며, 어려운 사람들에게 희망을 전하는 오케스트라가 되었다.

Words instrument 명악기 skateboard 명스케이트보드 guitar 명기타 string 명줄 become 동~이 되다(become-became-become) can 명통조림, 깡통 put 동놓다; *붙이다(put-put-put) film 명영화; *얇은 막 bottle 명병 bean 명콩 play 동놀다; *연주하다 together 부함께 문제 news 명소식, 뉴스 dancing 명무용, 춤 harmony 명조화, 화합 painting 명그림

Review Test

 다음 사진에 알맞은 단어를 보기에서 골라 쓰시오.

| 보기 | fire engine   spray   rat   sailor   bean   skateboard |

1 

2 

3 

4 

5 

6

7-9 다음 각 단어에 해당하는 의미를 짝지으시오.

7 harmony •

8 attack •

9 drive •

 • ⓐ 나아가서 적 또는 상대편을 치는 것

 • ⓑ 차량을 조종하다

 • ⓒ 서로 잘 어울림

10-11 다음 밑줄 친 단어와 반대 의미의 단어를 고르시오.

10   Many people <u>die</u> from illness.

① live   ② give   ③ teach   ④ catch

11   Wild animals can be <u>dangerous</u>.

① beautiful   ② safe   ③ different   ④ unique

12-14 다음 우리말과 일치하도록 빈칸에 알맞은 표현을 쓰시오.

12 The firefighters ＿＿＿＿＿＿ ＿＿＿＿＿＿ the fire.
소방관들은 불을 끈다.

13 ＿＿＿＿＿＿ ＿＿＿＿＿＿ outside.
밖에서 놀자.

14 She thinks about the problem ＿＿＿＿＿＿ ＿＿＿＿＿＿ ＿＿＿＿＿＿.
그녀는 밤낮으로 그 문제에 대해 생각한다.

15-17 우리말과 같은 뜻이 되도록 주어진 말을 바르게 배열하시오.

15 그녀는 각각의 깡통 위에 얇은 막을 붙였다.
(each, put, some film, she, can, on)

→ ＿＿＿＿＿＿＿＿＿＿＿＿＿＿＿＿＿＿＿＿＿＿＿＿

16 이것은 배의 음식을 안전하게 지켜주었다.
(the ship's food, this, safe, kept)

→ ＿＿＿＿＿＿＿＿＿＿＿＿＿＿＿＿＿＿＿＿＿＿＿＿

17 경찰관들은 소방관들만큼 많이 일을 한다.
(police officers, much, firefighters, as, work, as)

→ ＿＿＿＿＿＿＿＿＿＿＿＿＿＿＿＿＿＿＿＿＿＿＿＿

바다 위의 고양이, 함재묘

다음 그림에 숨겨진 물건들을 찾아보세요.

숨은 그림   자, 연필, 사다리, 빵, 양초

함재묘에 대해 알고 있나요? 함재묘는 대형 선박이나 군함에 탑승하여 선원들과 함께 항해하는 고양이를 말해요. 1500년 대 대항해 시대에 함재묘가 등장했어요. 당시 배에 몰래 들어온 쥐는 식량을 훔쳐 먹거나 나무와 밧줄을 갉아 먹어 골칫거리였죠. 고양이는 쥐뿐만 아니라 해충을 잡아서 선원들을 도왔고, 배의 마스코트가 되었어요.

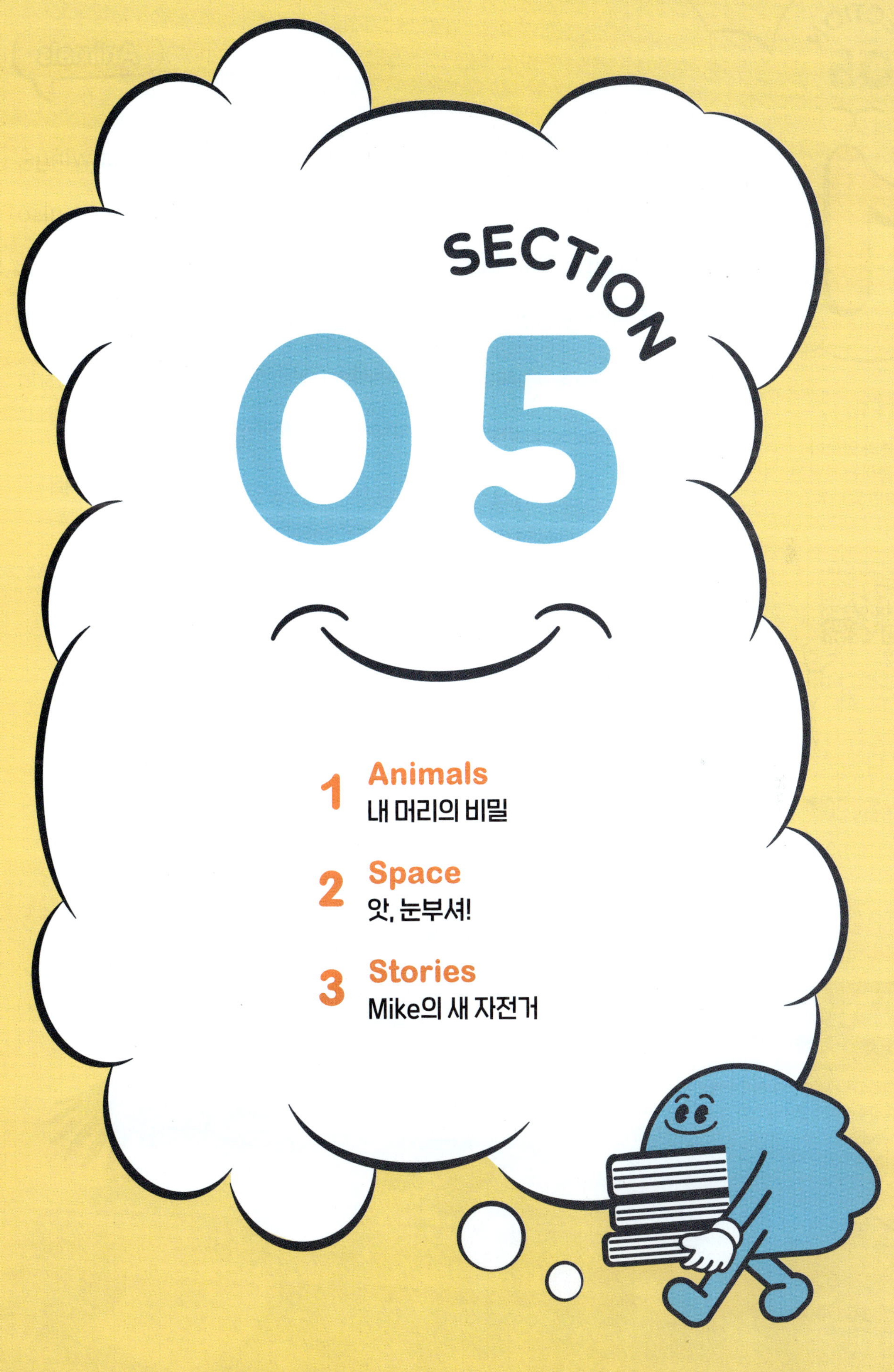

SECTION
05

1

The *bald eagle is a large bird. It has big, strong wings. It looks amazing when it flies. It hunts fish and ducks. It also hunts rabbits. The bald eagle looks very unique. Its head is covered with white feathers. The rest of its body is covered with brown feathers. That's why it looks bald. The bald eagle lives in forests near lakes and rivers. It can live for up to 30 years.

*bald eagle 흰머리수리

Knowledge Bank 미국을 상징하는 새

흰머리수리는 미국을 상징하는 새로, 북아메리카 대륙에 서식하는 하늘 위의 최상위 포식자이다. 흰머리수리는 북아메리카 원주민 사이에서 숭배의 대상이었다. 원주민들은 흰머리수리의 깃털로 머리와 옷 등을 장식했는데, 머리에 꽂혀있는 깃털의 개수로 용맹함을 판단했다고 한다.

1 글의 주제로 가장 알맞은 것은?

① 독수리의 다양한 종류

② 흰머리수리에 관한 정보

③ 세계에서 가장 오래 사는 새

④ 멀리 날 수 있는 새들의 비밀

2 글의 내용과 일치하면 T, 그렇지 않으면 F를 쓰시오.

(1) 흰머리수리의 날개는 크지만 약하다. ____________

(2) 흰머리수리는 30년까지 살 수 있다. ____________

서술형

3 흰머리수리가 대머리처럼 보이는 이유를 우리말로 쓰시오.

____

서술형

4 다음 빈칸에 알맞은 단어를 글에서 찾아 쓰시오.

Bald Eagles

Where they live	in forests near (1) __________ and rivers
What they hunt	(2) __________, ducks, and rabbits

Words wing 명 날개 amazing 형 놀라운, 굉장한 fly 동 날다 hunt 동 사냥하다 unique 형 독특한 be covered with ~로 덮여 있다 white 형 흰, 흰색의 feather 명 깃털 rest 명 나머지 brown 형 갈색의 bald 형 대머리의 forest 명 숲
up to ~까지

2

The sun is a big star in the sky. It gives us light and warmth. It makes the days bright. Sometimes, it goes behind clouds. Then the days become dark. The sun helps plants grow. It also gives us energy. But we should be careful. (①) Sunlight can burn our skin! (②) Also, we should not look directly at the sun. (③) This is because the sun is very bright. (④) It's about one million times bigger!

Knowledge Bank 태양

태양은 태양계에서 가장 크고 밝은 빛을 내는 별이며, 수소와 헬륨으로 이루어진 기체 덩어리이다. 태양은 중심부로 갈수록 온도가 매우 높아지는데, 표면 온도는 약 6,000도, 중심부 온도는 약 1,600만 도이다.

1  다음 문장이 들어갈 위치로 가장 알맞은 곳은?

The sun is much larger than Earth.

①   ②   ③   ④

2 글의 내용과 일치하지 <u>않는</u> 것은?

① 태양은 우리에게 빛과 따뜻함을 준다.
② 태양이 구름 뒤로 가면 낮이 어두워진다.
③ 햇빛은 우리의 피부를 태울 수 있다.
④ 태양을 직접 보는 것은 위험하지 않다.

3 다음 뜻풀이에 해당하는 단어를 글에서 찾아 쓰시오.

불빛이 환해 잘 보이는

____

서술형

4 다음 빈칸에 알맞은 단어를 글에서 찾아 쓰시오.

The sun helps plants __________ and gives us __________.

Words   light ⑲ 빛   warmth ⑲ 따뜻함   bright ㉰ 밝은   sometimes ㉿ 때때로   behind ㉮ ~뒤에   cloud ⑲ 구름   become ⑤ ~이 되다   dark ㉰ 어두운   grow ⑤ 성장하다   energy ⑲ 에너지   careful ㉰ 조심하는   sunlight ⑲ 햇빛   burn ⑤ 타오르다; *타다, 태우다   directly ㉿ 곧장, 똑바로   about ㉿ 약, ~쯤   million ⑲ 100만   **문제** Earth ⑲ 지구

3

83 words

It was Mike's birthday. His mom and dad gave him a present. It was a bike. It was silver. He was excited. He went out to ride the bike. His dad yelled, "Put on your helmet!" Mike didn't listen. He went to the park. He met his friends there. He showed off his new bike. (A) He hurt his forehead. (B) He rode it really fast. (C) Then he fell. He went home. His dad treated his wound. His dad said, "Wear your helmet next time!"

1 글의 제목으로 가장 알맞은 것은?

① 독특한 자전거 대회
② 자전거의 장점과 단점
③ 자전거로부터 얻은 교훈
④ 친구들과의 자전거 여행

2 문장 (A)~(C)를 글의 흐름에 알맞게 배열한 것은?

① (A)-(B)-(C)　　　　② (B)-(A)-(C)
③ (B)-(C)-(A)　　　　④ (C)-(A)-(B)

3 글의 내용과 일치하면 T, 그렇지 않으면 F를 쓰시오.

(1) Mike는 헬멧을 쓰라는 아빠의 말씀을 듣지 않았다. ______________

(2) Mike는 팔을 다쳤다. ______________

4 글에 나타난 Mike의 심경 변화로 가장 알맞은 것은?

① 행복한 → 지루한　　　② 화가 난 → 실망한
③ 신난 → 슬픈　　　　　④ 긴장한 → 안심한

Words birthday 똉 생일　present 똉 선물　bike 똉 자전거　silver 똉 은색의　excited 똉 신이 난　ride 똉 타다(ride-rode-ridden)　yell 똉 소리치다　put on 쓰다　listen 똉 듣다　park 똉 공원　meet 똉 만나다(meet-met-met)　show off 자랑하다　forehead 똉 이마　fall 똉 떨어지다; *넘어지다(fall-fell-fallen)　treat 똉 대하다; *치료하다　wound 똉 상처

Review Test

보기 | forehead   feather   burn   present   forest   cloud

1 __________

2 __________

3 __________

4 __________

5 __________

6 __________

7-9 다음 각 단어에 해당하는 의미를 짝지으시오.

7 hunt •   • ⓐ 강한 동물이 약한 동물을 먹이로 잡다

8 careful •   • ⓑ 병이나 상처를 낫게 하기 위해 처치하다

9 treat •   • ⓒ 실수나 위험을 피하려고 주의하는

10-11 다음 밑줄 친 단어와 반대 의미의 단어를 고르시오.

10 The clouds made the sky <u>dark</u>.

① amazing   ② bright   ③ large   ④ excited

11 Her voice is very <u>unique</u>.

① careful   ② new   ③ bald   ④ common

12-14 다음 우리말과 일치하도록 빈칸에 알맞은 표현을 쓰시오.

12 She wants to ___________ a doctor.

그녀는 의사가 되기를 원한다.

13 The car __________ __________ __________ snow after the storm.

폭풍 이후 차가 눈으로 덮여 있었다.

14 He __________ __________ his new shoes to his friends.

그는 친구들에게 새 신발을 자랑했다.

15-17 우리말과 같은 뜻이 되도록 주어진 말을 바르게 배열하시오.

15 그것은 날 때 굉장해 보인다.

(looks, it, when, flies, amazing, it)

→ _______________________________________

16 그것은 지구보다 약 백만 배 더 크다!

(Earth, about, bigger, one million, it's, times, than)

→ _______________________________________

17 그의 엄마와 아빠는 그에게 선물을 주었다.

(gave, mom, a present, his, and, him, dad)

→ _______________________________________

따끔따끔 목감기!
어떻게 하지?

다음 두 그림을 보고 다른 곳 다섯 군데를 찾아 동그라미 하세요.

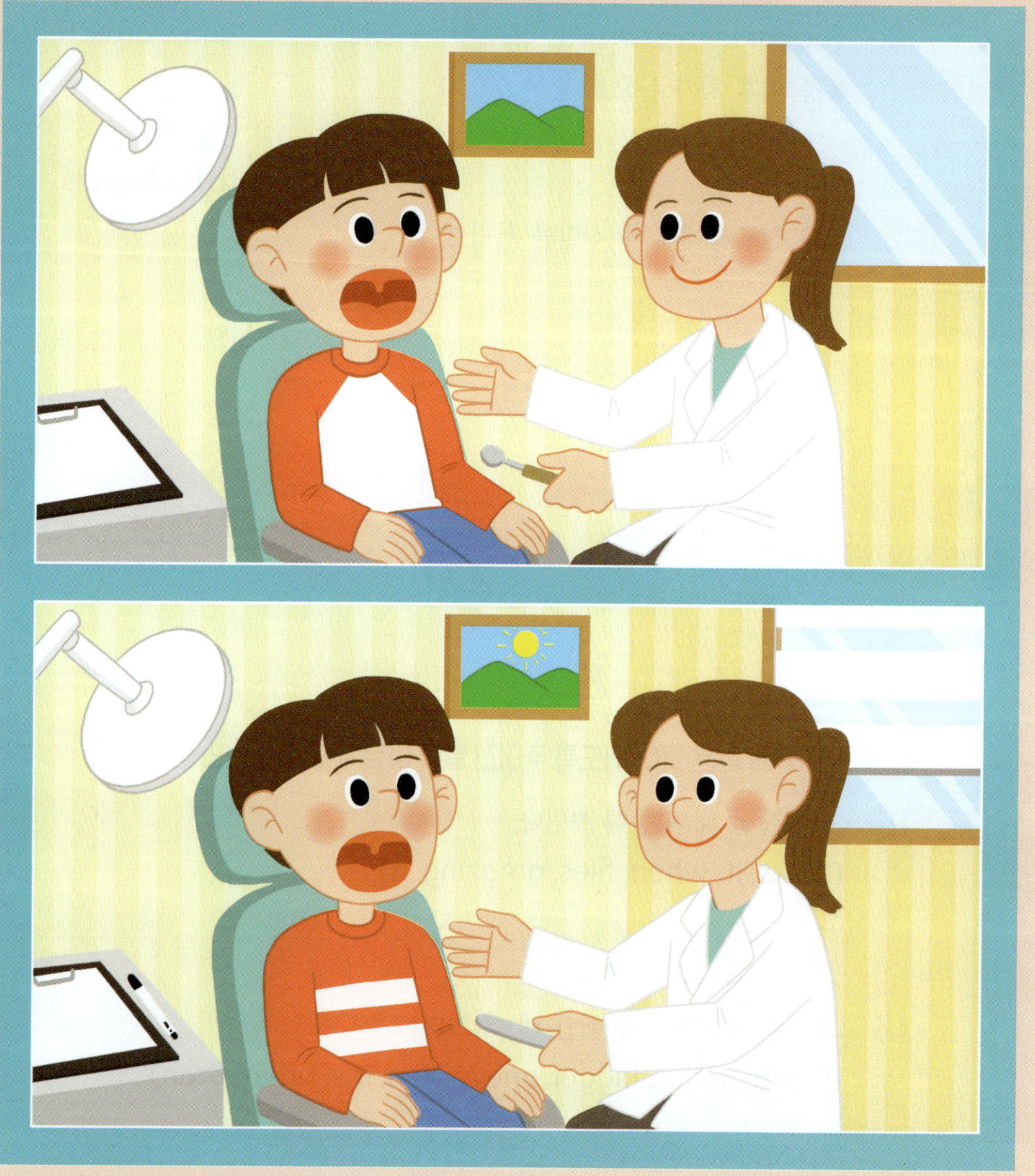

목감기에 걸렸을 때 아이스크림과 초콜릿 같은 달콤한 간식은 피해야 해요. 당이 많은 음식은 감기 바이러스와 싸우는 백혈구를 약하게 만들어요. 또, 유제품도 목에 좋지 않아요. 유제품은 계속해서 가래를 만들기 때문에 가능하면 피하는 것이 좋답니다.

SECTION
06
1 Nature
모두에게 소중한 강
2 Letter
진심을 받아주세요!
3 Culture
꽃으로 사랑을 전해요

1

The Nile River is in Africa. It is the longest river in the world. It is about 6,650 kilometers long. It flows through 11 countries. It ends in the *Mediterranean Sea. Ancient Egyptians used it for travel. They also used it for farming. (①) Many people still use it today. (②) A lot of wildlife ⁵ live in the river. (③) There are many animals and plants in the river. (④) For example, the Nile crocodile lives in the river. It is one of the largest crocodiles on Earth.

*Mediterranean Sea 지중해

Think!
우리나라에서 제일 긴 강은 무엇인가요?

84 words

Knowledge Bank 나일강

나일강은 세계 4대 고대 문명 중 하나인 이집트 문명이 시작된 곳이다. 과거에는 사하라 사막을 넘어 아프리카 대륙의 북부와 적도 남쪽의 내륙 지역을 연결하는 유일한 길이었다. 현재에도 나일강은 많은 나라의 식수 공급원으로서 중요한 역할을 하고 있다.

1 글의 제목으로 가장 알맞은 것은?

① 세계에서 가장 위험한 강

② 나일강으로 이름 붙여진 이유

③ 악어가 나일강에서 생존하는 방법

④ 인간과 자연의 삶의 터전인 나일강

2 나일강에 관한 글의 내용과 일치하면 T, 그렇지 않으면 F를 쓰시오.

(1) 11개의 국가를 거쳐 흐른다. ____________

(2) 고대에는 농사에만 이용되었다. ____________

(3) 지구에서 가장 큰 악어 중 하나가 사는 곳이다. ____________

고난도

3 다음 문장이 들어갈 위치로 가장 알맞은 곳은?

> But it's not important only for people.

①   ②   ③   ④

4 다음 뜻풀이에 해당하는 단어를 글에서 찾아 쓰시오.

> 산이나 들 같은 자연에서 사는 동물이나 다른 생명체

____

Words flow ⑧흐르다　through ㉺~을 통해　country ⑲국가, 나라　end ⑧끝나다　ancient ⑲고대의　Egyptian ⑲이집트 사람　travel ⑲여행; *이동　farming ⑲농업, 농사　wildlife ⑲야생 생물　crocodile ⑲악어

문제 important ⑲중요한

2

72 words

Dear Ms. Jones,

Our math homework was due on Monday. But I couldn't hand it in. I am writing to say I'm sorry. I have a reason. I was very sick. I had a high fever. My parents took me to the hospital. I am okay now. I ______________ to hand in my homework by [5] Thursday. This will never happen again. I hope you accept my apology. Thank you for understanding.

Sincerely,

Tom

1 글의 목적으로 가장 알맞은 것은?

① 축하하기 위해

② 사과하기 위해

③ 감사를 전하기 위해

④ 약속을 변경하기 위해

2 Ms. Jones의 직업으로 가장 알맞은 것은?

① 의사   ② 작가   ③ 선생님   ④ 경찰관

고난도

3 글의 빈칸에 들어갈 말로 가장 알맞은 것은?

① fail   ② wait   ③ forget   ④ promise

4 Tom에 관한 글의 내용과 일치하면 T, 그렇지 않으면 F를 쓰시오.

(1) 과학 숙제를 기한 내에 제출하지 못했다. ___________

(2) 열이 나서 부모님과 병원에 갔었다. ___________

Knowledge Bank 편지 인사말

영어로 편지를 쓸 때, 마무리는 'Sincerely,' 'Best regards,' 또는 'Warm wishes,' 등의 인사로 할 수 있다. 가족이나 친구에게는 보다 친밀한 표현인 'Take care,' 'Love,' 또는 'See you soon' 등을 쓸 수 있다.

Words math 명수학 homework 명숙제 due 형~하기로 되어 있는[예정된] hand in 제출하다 write 동쓰다 say 동말하다; *(생각·감정 등을) 표현하다[말하다] reason 명이유 sick 형아픈 high 형높은 fever 명열 happen 동일어나다 hope 동바라다 accept 동받아들이다 apology 명사과 understand 동이해하다 sincerely 부진심으로 문제 fail 동실패하다 forget 동잊다 promise 동약속하다

3

Flowers come in many colors and shapes. Some flowers smell nice, like roses. Others are bright and cheerful, like daisies. Giving flowers is a <u>special</u> tradition. People give flowers to show love and kindness. (a) When we give flowers, we make others happy. (b) We can give flowers on birthdays or holidays. (c) Sometimes, we give flowers to say thank you. (d) But flowers are expensive. It's a wonderful way to spread joy. Why don't you give flowers to someone special today?

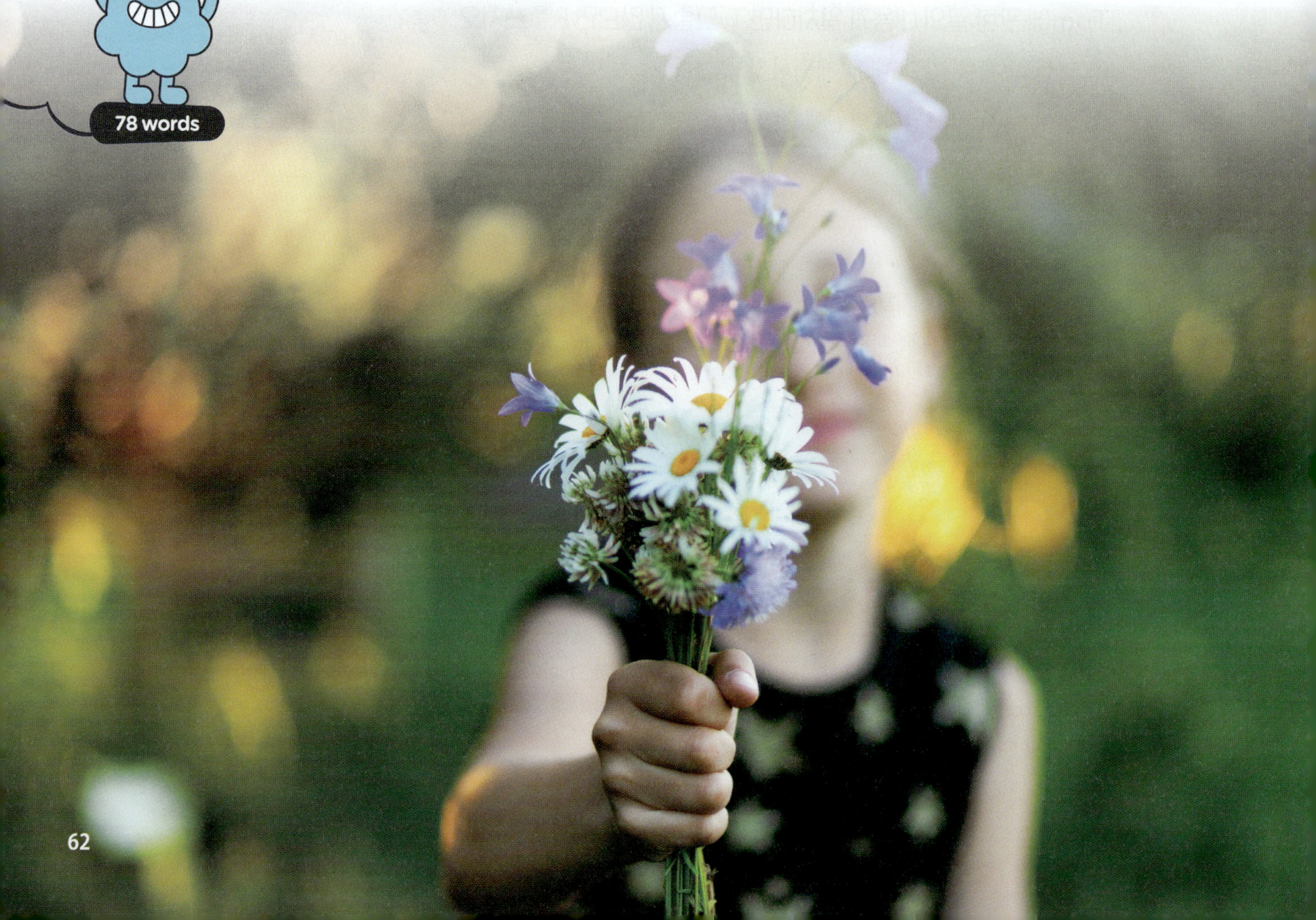

1 글의 주제로 가장 알맞은 것은?

① 다양한 꽃말의 유래

② 꽃을 선물하는 것의 의미

③ 기념일을 축하하는 색다른 방식

④ 사람들이 가장 좋아하는 꽃의 종류

2 글의 밑줄 친 special과 반대 의미의 단어는?

① soft   ② angry   ③ normal   ④ colorful

고난도

3 글의 (a)~(d) 중, 전체 흐름과 관계<u>없는</u> 문장은?

① (a)   ② (b)   ③ (c)   ④ (d)

서술형

4 다음 빈칸에 알맞은 단어를 글에서 찾아 쓰시오.

> People give flowers to show kindness and to say __________ __________.

Knowledge Bank 어버이날과 카네이션

어버이날에 카네이션을 주는 전통은 미국에서 시작되었다. 1908년에 안나 자비스가
어머니를 기리기 위해 어머니 날을 제안했다. 그녀의 어머니가 좋아한 꽃이 카네이션이었다.
이 전통이 한국에 전해져, 1956년에 어머니 날이 공식 기념일로 지정되었다. 1973년에
어머니 날이 어버이날로 바뀌었고, 카네이션은 부모님께 감사와 사랑을 전하는 꽃이 되었다.

Words   rose 명 장미(꽃)   cheerful 형 발랄한; *생기를 주는   tradition 명 전통   show 동 보여 주다   kindness 명 친절함
  holiday 명 휴일, 공휴일   expensive 형 비싼   wonderful 형 멋진   spread 동 펼치다; *퍼뜨리다   joy 명 기쁨

문제 soft 형 부드러운   angry 형 화난   normal 형 보통의   colorful 형 형형색색의

Review Test

1-6 다음 사진에 알맞은 단어를 보기 에서 골라 쓰시오.

보기 | write　　crocodile　　fever　　colorful　　farming　　angry

1 

2 

3 

4 

5 

6

7-9 다음 각 단어에 해당하는 의미를 짝지으시오.

7 tradition　•

8 apology　•

9 important　•

•　ⓐ 실수에 대해 미안하다고 말하는 것

•　ⓑ 사람들이 아주 오랫동안 해오던 것

•　ⓒ 필요한 또는 가치 있는

10-11 다음 밑줄 친 단어와 반대 의미의 단어를 고르시오.

10　The mountain is very <u>high</u>.

① sick　　② normal　　③ wonderful　　④ low

11　The movie will <u>end</u> at 9 p.m.

① flow　　② start　　③ accept　　④ understand

12-14 다음 우리말과 일치하도록 빈칸에 알맞은 표현을 쓰시오.

12 She walked ____________ the park on her way home.
그녀는 집에 가는 길에 공원을 통해 걸어갔다.

13 The perfume ____________ lovely, ____________ fresh flowers.
그 향수는 신선한 꽃처럼 사랑스러운 향기가 난다.

14 Please ____________ ____________ your homework by tomorrow.
내일까지 숙제를 제출해 주세요.

15-17 우리말과 같은 뜻이 되도록 주어진 말을 바르게 배열하시오.

15 부모님은 나를 병원으로 데려갔다.
(took, the hospital, to, my parents, me)

→ ________________________________

16 그것은 세계에서 가장 긴 강이다.
(the world, longest, it, in, the, is, river)

→ ________________________________

17 오늘 특별한 사람에게 꽃을 주는 건 어떤가?
(why, you, special, give, don't, someone, today, flowers, to)

→ ________________________________

나일강을 따라 금은보화가 가득한 보물 상자를 찾아보아요!

다음 미로에서 보물 상자를 획득할 수 있는 길을 찾아보세요.

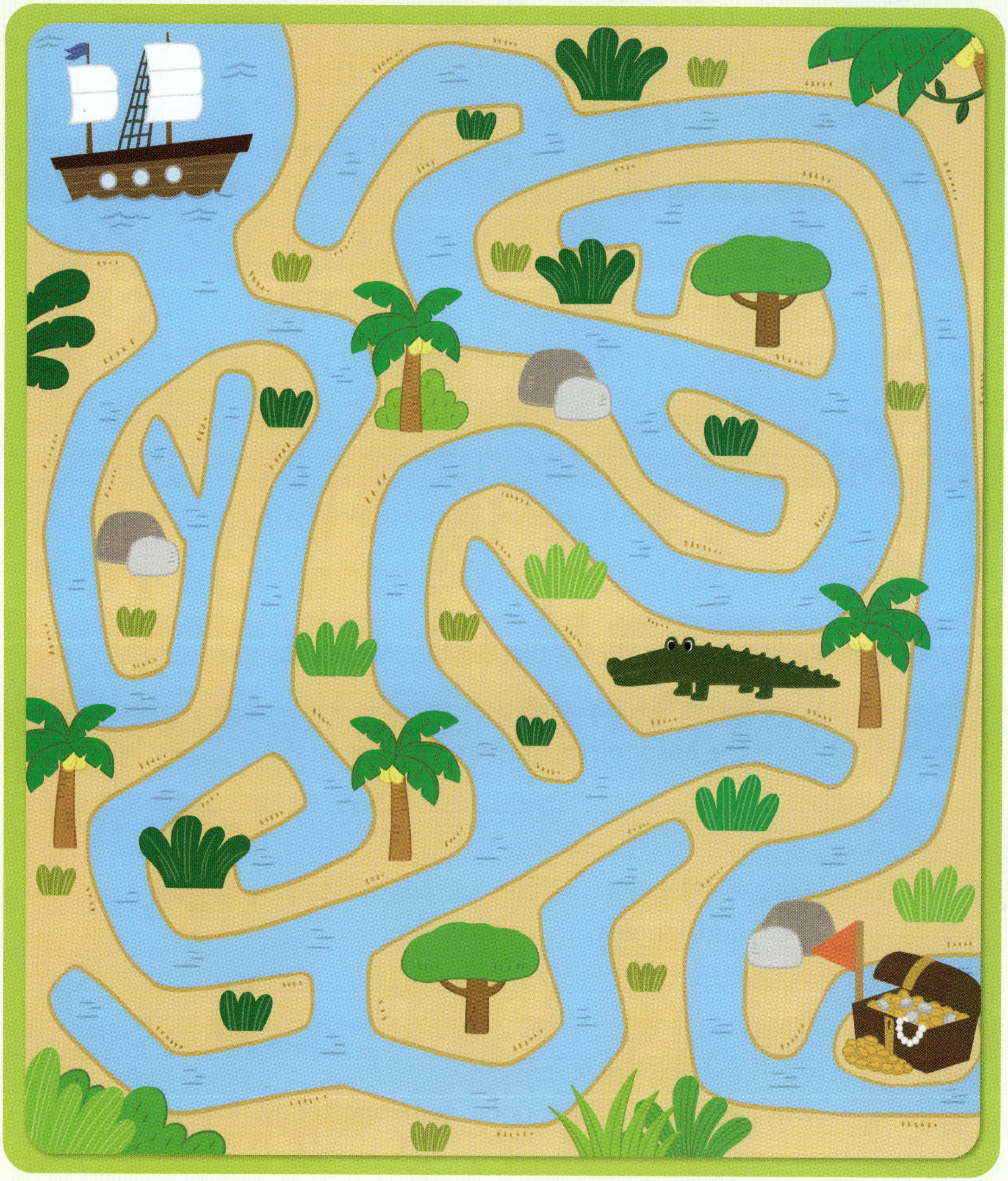

SECTION
07

1

The day after Christmas has a strange name. It is called Boxing Day. No one knows the exact origin. Maybe it came from churches. People in churches collected things for the poor. They used boxes. Or maybe it came from gift boxes. Some people had to work on Christmas Day. (①) They ⁵ received gift boxes after work. (②) There are many sports events on TV. (③) People watch them all day. (④) There are many sales, too. People can buy many items at low prices.

Knowledge Bank 잉글랜드 축구에서의 박싱 데이

잉글랜드에서는 12월 26일인 박싱 데이에 축구 리그 경기를 치르는 전통이 있다. 평소에는 주로 주말에 경기가 치러지지만 박싱 데이 주간에는 요일에 상관없이 리그 경기가 열린다. 또한, 박싱 데이 경기는 팀들의 순위 경쟁에 매우 중요한 부분을 차지하는데, 바쁜 일정으로 지친 선수들로 인해 다양한 변수가 발생하기 때문이다.

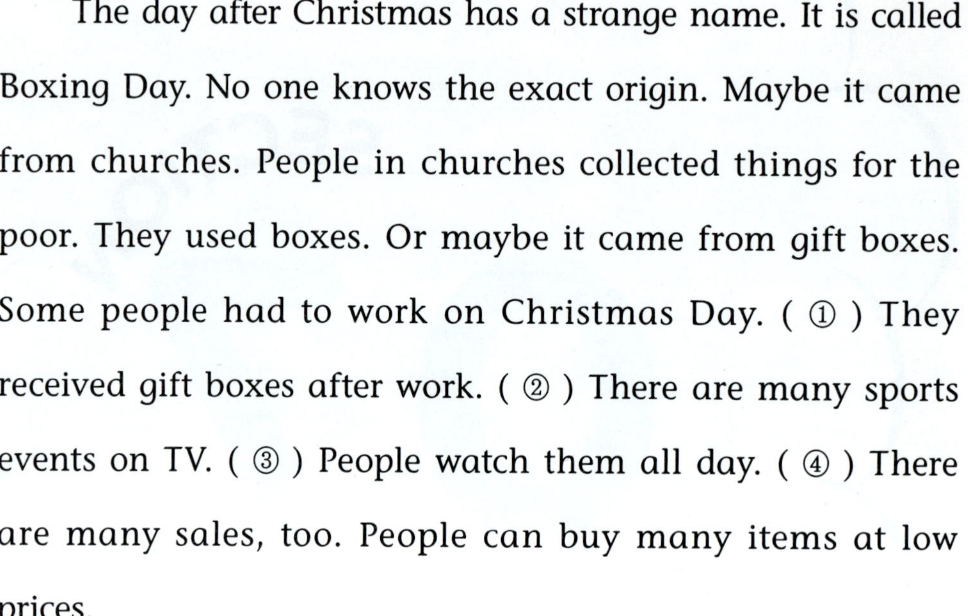

1 글의 주제로 가장 알맞은 것은?

① 선물 상자의 다양한 활용법

② 세계 각국의 박싱 데이 풍습

③ 박싱 데이 이름의 유래와 현재 모습

④ 크리스마스와 박싱 데이의 비슷한 점

2 글의 내용과 일치하면 T, 일치하지 않으면 F를 쓰시오.

(1) 박싱 데이는 크리스마스 바로 다음 날이다. ____________

(2) 박싱 데이에는 물건들의 가격이 다소 비싸다. ____________

3 다음 문장이 들어갈 위치로 가장 알맞은 곳은?

> However, Boxing Day is different today.

①　　　　　　　②　　　　　　　③　　　　　　　④

서술형

4 다음 빈칸에 알맞은 단어나 표현을 글에서 찾아 쓰시오.

> Maybe Boxing Day's name came from churches that helped the __________ or from __________ __________ for workers.

Words　the day after 그 다음 날　strange ⑱이상한　exact ⑱정확한　origin ⑲기원, 유래　maybe ⑮어쩌면, 아마　come from ~의 출신이다, ~에서 생겨나다　church ⑲교회　collect ⑧모으다　poor ⑱가난한　receive ⑧받다　event ⑲사건; *경기　all day 하루 종일　sale ⑲판매; *할인 판매　item ⑲항목; *물품　low ⑱낮은; *저렴한　price ⑲가격

문제 worker ⑲노동자

2

Think!
어디에서 벌을
자주 보나요?

76 words

Most bees get food from flowers. But some eat meat. They are called *vulture bees. Vulture bees live in hot places. They find dead animals. These are usually birds, monkeys, or snakes. The vulture bees chase away flies. Then they enter the animal's body. (a) They collect meat. (b) They carry it with their legs. (c) Dead animals smell bad. (d) The bees bring the meat to their hive. They store the meat there. Later, baby vulture bees eat it.

*vulture bee 독수리 벌

1 글의 제목으로 가장 알맞은 것은?

① 고기를 좋아하는 동물

② 특이한 식성을 가진 벌

③ 세계에서 가장 위험한 벌

④ 동물에게 도움이 되는 곤충

2 독수리 벌에 관한 글의 내용과 일치하면 T, 그렇지 않으면 F를 쓰시오.

(1) 주로 추운 장소에서 산다. ______

(2) 죽은 동물의 근처에 있는 파리를 먹는다. ______

3 글의 (a)~(d) 중, 전체 흐름과 관계없는 문장은?

① (a)　　　　② (b)　　　　③ (c)　　　　④ (d)

서술형

4 밑줄 친 it이 가리키는 것을 글에서 찾아 쓰시오. (2단어)

____

Knowledge Bank 벌의 역할

벌은 생태계에서 중요한 역할을 한다. 벌이 사라지면
식물은 수분하기 어렵기 때문에 번식할 수 없게 된다.
식물이 번식하지 못하면 초식 동물들이 먹이를 잃게 되고,
결국 모든 생태계 구조가 무너지게 된다.

Words bee 명 벌　meat 명 (식용하는 짐승의) 고기　place 명 장소　find 동 찾다　dead 형 죽은　usually 부 보통
chase away ~을 쫓아내다　fly 명 파리　enter 동 들어가다　carry 동 나르다　hive 명 벌집　store 동 저장하다

3

Rules

Guide for ______________ Visitors

Hours

- Tuesday to Friday: 9 a.m. to 8 p.m.

- Saturday and Sunday: 9 a.m. to 6 p.m.

- We're closed every Monday.

Borrowing

- You can borrow three books at a time.

- You must return the books within two weeks.

Rules

- Food is not allowed. Drinks with a lid are okay.

- Pets are not allowed, except for service dogs.

- Please speak quietly. Please do not disturb others.

- All phones must be in *mute mode.

*mute mode 무음 설정

1 글의 목적으로 가장 알맞은 것은?

① 정보를 수정하기 위해

② 규칙을 전달하기 위해

③ 일정 변경을 알리기 위해

④ 새로 구입한 물품 안내를 위해

2 글의 빈칸에 들어갈 말로 가장 알맞은 것은?

① Library　　　② Hospital　　　③ Bookstore　　　④ Post Office

3 글의 내용과 일치하지 <u>않는</u> 것은?

① 일요일에는 오전 9시 이후부터 입장 가능하다.

② 월요일에는 문을 닫는다.

③ 모든 음식과 음료는 허용되지 않는다.

④ 보조견은 출입이 가능하다.

서술형

4 다음 질문에 우리말로 답하시오.

> Q: How many books can visitors borrow at a time?

____

5 다음 뜻풀이에 해당하는 단어를 글에서 찾아 쓰시오.

> 누군가에게 무언가를 돌려주다

____

Words　guide 몡 안내(서)　visitor 몡 방문자　hour 몡 시간　closed 혱 닫힌; *문을 닫은　borrowing 몡 대출(borrow 동 빌리다)
at a time 한 번에　return 동 돌아오다; *돌려주다, 반납하다　within 전 ~이내에　rule 몡 규칙　allow 동 허락하다
drink 몡 음료　lid 몡 뚜껑　pet 몡 반려동물　except for ~을 제외하고　service dog 보조견　quietly 뷔 조용하게　disturb 동 방해하다
문제 library 몡 도서관　bookstore 몡 서점　post office 몡 우체국

Review Test

 다음 사진에 알맞은 단어를 보기 에서 골라 쓰시오.

보기 │ service dog　　price　　hive　　lid　　collect　　enter

1

2

3

4

5

6

7-9 다음 각 단어에 해당하는 의미를 짝지으시오.

7 rule　•

8 exact　•

9 store　•

• ⓐ 정확하거나 올바른

• ⓑ 나중에 사용하기 위해 무언가를 보관하다

• ⓒ 사람들이 다 같이 지키기로 한 지침

10-11 다음 밑줄 친 단어와 반대 의미의 단어를 고르시오.

10　He is very <u>poor</u> and has little money.

① low　　② rich　　③ clear　　④ strange

11　She closed the door <u>quietly</u>.

① usually　　② maybe　　③ loudly　　④ always

12-14 다음 우리말과 일치하도록 빈칸에 알맞은 표현을 쓰시오.

12 The loud noise can ＿＿＿＿＿＿ ＿＿＿＿＿＿ the birds.
큰 소음이 새들을 쫓아낼 수 있다.

13 She ＿＿＿＿＿＿ ＿＿＿＿＿＿ a small town in Italy.
그녀는 이탈리아의 작은 마을 출신이다.

14 Everyone was invited to the party ＿＿＿＿＿＿ ＿＿＿＿＿＿ John.
John을 제외한 모든 사람이 파티에 초대되었다.

15-17 우리말과 같은 뜻이 되도록 주어진 말을 바르게 배열하시오.

15 음식은 허용되지 않는다.
(allowed, is, food, not)

→ ＿＿＿＿＿＿＿＿＿＿＿＿＿＿＿＿＿＿＿＿＿＿＿＿＿＿＿

16 그 벌들은 고기를 벌집으로 가져온다.
(their hive, the bees, to, the meat, bring)

→ ＿＿＿＿＿＿＿＿＿＿＿＿＿＿＿＿＿＿＿＿＿＿＿＿＿＿＿

17 아무도 정확한 기원을 알지 못한다.
(exact, no one, origin, knows, the)

→ ＿＿＿＿＿＿＿＿＿＿＿＿＿＿＿＿＿＿＿＿＿＿＿＿＿＿＿

도서관에 가면
도서관 에티켓을 지켜요!

다음 그림에 숨겨진 물건들을 찾아보세요.

도서관에서 지켜야 할 에티켓은 무엇이 있을까요? 도서관에서는 조용히 말해야 해요. 또한, 모두가 사용하는 자료와 시설을 소중히 다뤄야 하죠. 마지막으로, 정해진 대출 기간에 책을 반납해야 하는 것을 잊지 마세요!

SECTION
08

SECTION 08

1

Buildings

Think!
프랑스에 관해 무엇을 알고 있나요?

75 words

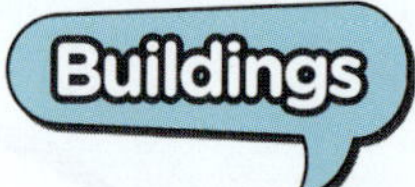

The Eiffel Tower is in Paris, France. It is the symbol of the country. Gustave Eiffel started to build the tower in 1887. It took two years to finish it. The tower is made of iron. There are three floors in it. There are 1,665 steps in it. Here's a surprising fact. The Eiffel Tower is 324 meters tall. ____________, it gets bigger in the summer. Do you know why? The heat makes the iron expand!

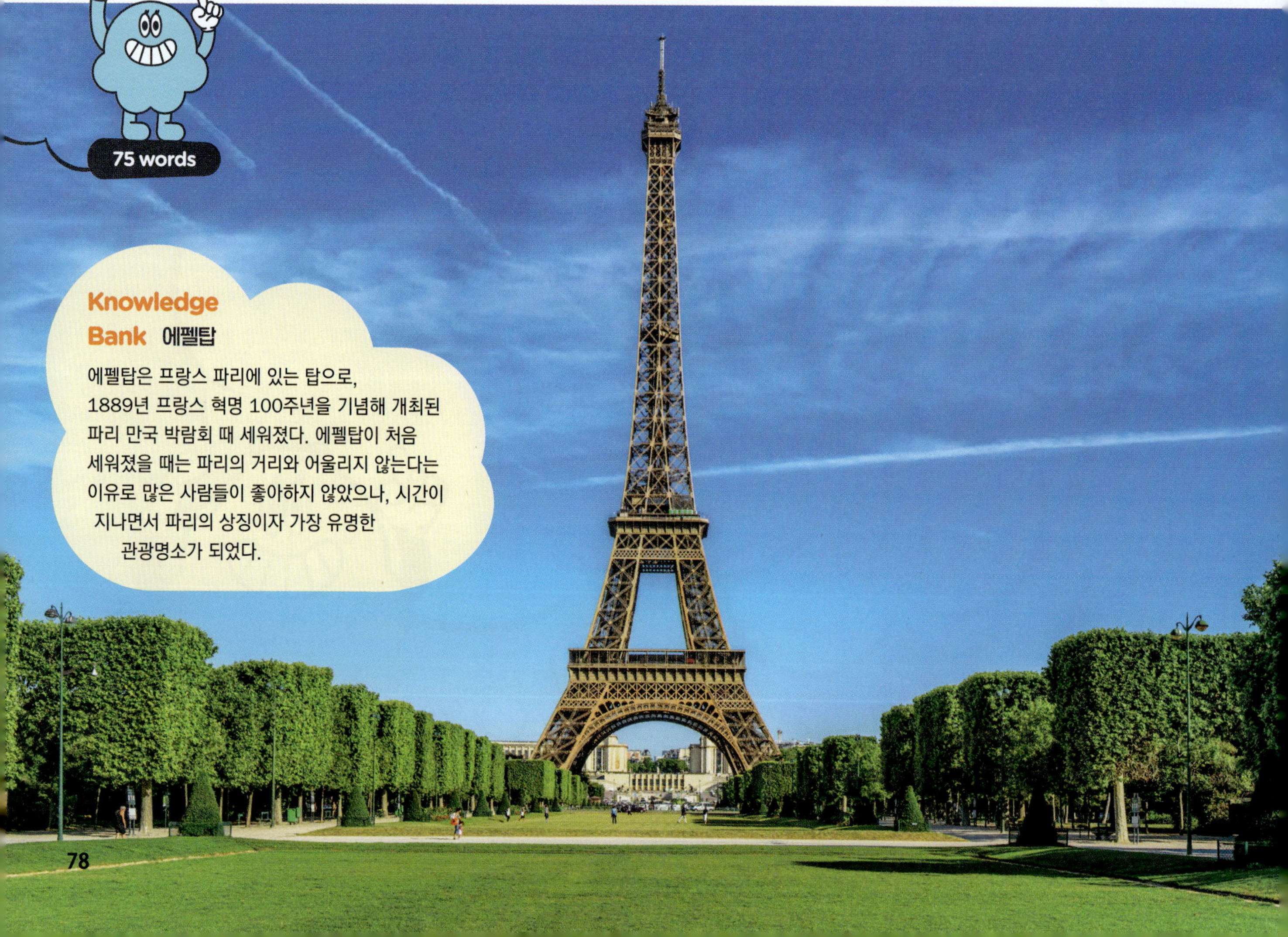

Knowledge Bank 에펠탑

에펠탑은 프랑스 파리에 있는 탑으로, 1889년 프랑스 혁명 100주년을 기념해 개최된 파리 만국 박람회 때 세워졌다. 에펠탑이 처음 세워졌을 때는 파리의 거리와 어울리지 않는다는 이유로 많은 사람들이 좋아하지 않았으나, 시간이 지나면서 파리의 상징이자 가장 유명한 관광명소가 되었다.

1 글의 제목으로 가장 알맞은 것은?

① 에펠탑과 프랑스의 역사
② 에펠탑의 독특한 건설 기술
③ 에펠탑 속 숨겨진 수학적 원리
④ 프랑스의 대표적인 건축물인 에펠탑

2 에펠탑에 관한 글의 내용과 일치하면 T, 그렇지 않으면 F를 쓰시오.

(1) 돌로 만들어진 탑이다. ______________

(2) 탑 안에는 두 개의 층이 있다. ______________

3 글의 빈칸에 들어갈 말로 가장 알맞은 것은?

① So
② Also
③ However
④ For example

서술형

4 에펠탑이 여름에 더 커지는 이유를 우리말로 쓰시오.

____

Words tower 명 탑   symbol 명 상징   country 명 나라   finish 동 (완성하여) 끝내다   be made of ~로 만들어지다   iron 명 철   floor 명 바닥; *층   step 명 (발)걸음; *단[계단]   surprising 형 놀라운   fact 명 사실   heat 명 열기, 열   expand 동 팽창하다

2

Good eating habits are _______________ for our health. Healthy foods like fruit and vegetables give us energy. They make our body strong. They help us grow. Drinking enough water is necessary, too. (a) But many people don't drink water often. (b) Some drink sweet sodas instead. (c) Most fruit grows on trees. (d) We should eat healthy food every day. This helps us stay strong and healthy!

Think!
가장 좋아하는 음식과 싫어하는 음식은 무엇인가요?

62 words

Knowledge Bank 잘못된 식습관

잘못된 식습관은 우리의 건강을 해친다. 대표적인 예로 음식을 너무 많이 먹는 것, TV를 보거나 게임을 하면서 식사를 하는 것, 음식을 충분히 씹지 않고 빨리 삼키는 것, 열량이 높은 군것질을 많이 하는 것 등이 있다. 나의 식습관 중 몇 가지가 해당되는지 확인해보자.

1 글의 주장으로 가장 알맞은 것은?

① 식습관은 어렸을 때 형성해야 한다.

② 잠을 충분히 자는 것이 성장에 이롭다.

③ 단 음식이 건강에 도움이 될 때도 있다.

④ 건강을 위해 좋은 식습관을 가져야 한다.

고난도

2 글의 빈칸에 들어갈 말로 가장 알맞은 것은?

① bad　　　　② clean　　　　③ delicious　　　　④ important

3 글의 (a)~(d) 중, 전체 흐름과 관계<u>없는</u> 문장은?

① (a)　　　　② (b)　　　　③ (c)　　　　④ (d)

서술형

4 다음 빈칸에 알맞은 단어를 글에서 찾아 쓰시오.

> To stay healthy, we should drink enough __________ and __________ healthy food.

Words　habit 몡 습관　health 몡 건강(healthy 혱 건강한, 건강에 좋은)　fruit 몡 과일　vegetable 몡 채소　enough 혱 충분한
necessary 혱 필요한　soda 몡 탄산음료　instead 뷔 대신에　stay 동 머무르다; *(상태를) 유지하다　**문제** clean 혱 깨끗한

3

Asia is the largest continent in the world. About 60% of people in the world live there. There are 48 countries in Asia. Russia is the largest country in Asia. *The Maldives is the smallest country in Asia. The highest mountain in Asia is Mount Everest. ⓐ It's also the highest mountain in the world. **The Yangtze is the longest river in Asia. ⓑ It is about 6,300 kilometers long. It is the third longest river in the world.

*the Maldives 몰디브(인도양 위에 있는 약 1,200개의 산호섬으로 이루어진 나라)
**the Yangtze 양쯔강(중국의 중심부를 흐르는 강)

Knowledge Bank 세계 여러 나라의 크기

러시아는 아시아뿐만 아니라 세계에서 가장 큰 나라이다. 영토의 크기는 약 1,710만km²인데, 이는 대한민국 영토의 약 170배에 해당한다. 그렇다면 세계에서 가장 작은 나라는 어디일까? 바로 바티칸이다. 바티칸의 영토는 0.44km²로 뉴욕 센트럴파크의 약 13%에 해당하는 크기이며, 걸어서 40분이면 한 바퀴를 다 돌 수 있다.

1 글의 밑줄 친 ⓐ와 ⓑ가 각각 가리키는 것을 글에서 찾아 쓰시오.

ⓐ: _______________   ⓑ: _______________

2 글의 내용과 일치하지 <u>않는</u> 것은?

① 아시아는 세계에서 가장 큰 대륙이다.

② 세계의 약 60%의 사람들이 아시아에 산다.

③ 아시아에서 가장 작은 나라의 이름은 몰디브이다.

④ 아시아에서 가장 긴 강은 세계에서 두 번째로 길다.

고난도

3 글을 통해 답을 알 수 <u>없는</u> 것은?

① 아시아에서 가장 많은 사람이 사는 나라는 어디인가?

② 아시아에 있는 국가는 총 몇 개인가?

③ 아시아에서 가장 높은 산의 이름은 무엇인가?

④ 아시아에서 가장 긴 강의 길이는 얼마인가?

4 다음 뜻풀이에 해당하는 단어를 글에서 찾아 쓰시오.

> 여러 나라가 포함된 커다란 땅 덩어리

____

Words   continent 몡 대륙   mountain 몡 산

Review Test

1-6 다음 사진에 알맞은 단어를 보기에서 골라 쓰시오.

보기 | surprising mountain heat tower soda fruit

1 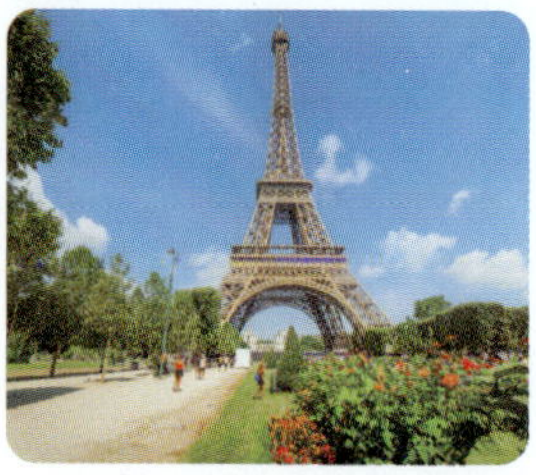

____

2 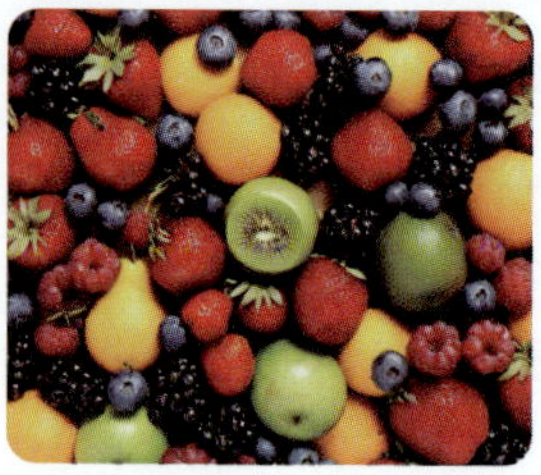

____

3 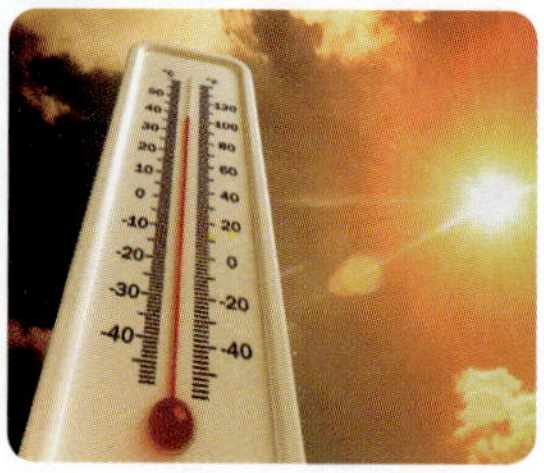

____

4 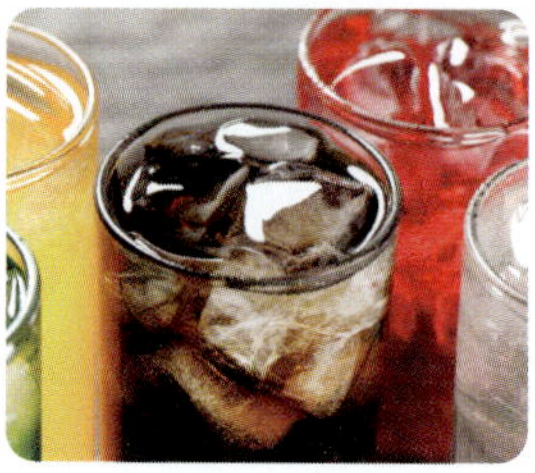

____

5 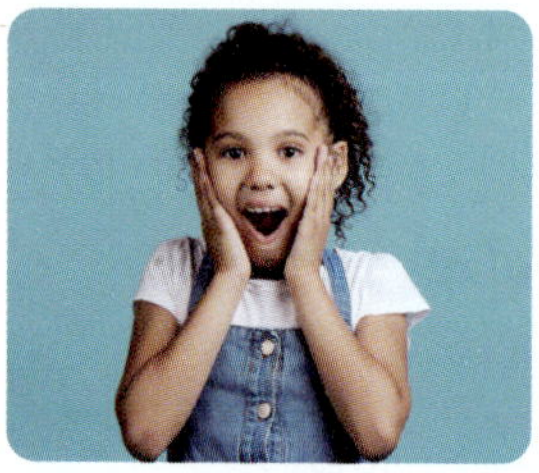

____

6 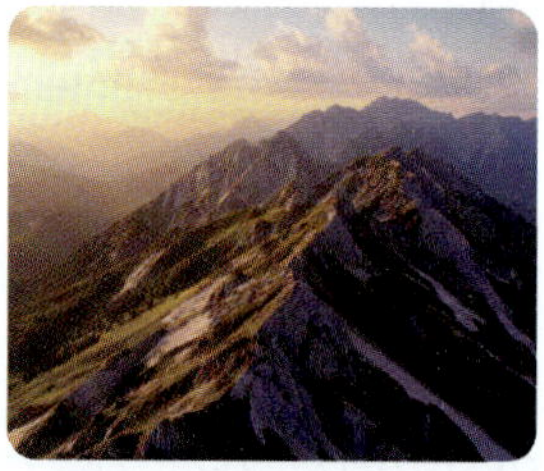

____

7-9 다음 각 단어에 해당하는 의미를 짝지으시오.

7 fact • • ⓐ 부피가 더 커지다

8 habit • • ⓑ 자주 하는 행동 방식

9 expand • • ⓒ 실제로 있었던 일

10-11 다음 밑줄 친 단어와 반대 의미의 단어를 고르시오.

10 The kitchen is clean now.

① necessary ② enough ③ dirty ④ healthy

11 She will finish her homework soon.

① start ② know ③ build ④ stay

12 This table _______________ _______________ _______________ wood.

이 탁자는 나무로 만들어졌다.

13 I have _______________ money to buy the book.

나는 그 책을 살 충분한 돈을 가지고 있다.

14 Vatican City is _______________ _______________ country in the world.

바티칸시국은 세계에서 가장 작은 나라이다.

15 그것을 완성하는 데 2년이 걸렸다.

(it, two years, finish, it, to, took)

→ ____

16 그것들은 우리의 몸을 튼튼하게 만든다.

(they, strong, our, make, body)

→ ____

17 그것은 세계에서 세 번째로 긴 강이다.

(the world, third, the, it, longest, is, river, in)

→ ____

에펠탑에 숨겨진 비밀?!

다음 두 그림을 보고 다른 곳 다섯 군데를 찾아 동그라미 하세요.

에펠탑의 꼭대기에는 숨겨진 비밀의 방이 있어요. 이 방은 에펠탑을 건설한 Gustave Eiffel이 개인적으로 이용하기 위해 만든 작은 방입니다. 그가 초대한 손님들만 출입할 수 있었다고 해요. 발명가 토머스 에디슨도 그의 손님 중 한 명이었어요. 현재는 방문객들도 이 방을 자유롭게 관람할 수 있답니다.

Reading TUTOR 리딩튜터

Starter 1

직독직해 Worksheet

1 나를 맞혀봐!

① I am not a human. / ② I am not an animal. / ③ I am not a plant. / ④ I don't have colors. / ⑤ I don't have a shape. /

⑥ You can see me / in the sea. / ⑦ You can see me / in rivers. / ⑧ You can see me / in lakes. / ⑨ You can hardly see me / in the desert. /

⑩ I am strong. / ⑪ You can't cut me. / ⑫ I am weak. / ⑬ The wind can move me. / ⑭ You need me. / ⑮ I don't need you. / ⑯ What am I? /

2 오~ 감이 있어!

① We have five senses. / ② They are sight, hearing, taste, touch, and

smell. / ③ Our eyes help us / see things. / ④ We see colors / with our eyes. /

⑤ Our ears help us / hear things. / ⑥ We hear music / with our ears. / ⑦

Our tongue helps us / taste food. / ⑧ We taste sweet chocolate / with our

tongue. / ⑨ Our skin helps us / feel things. / ⑩ We feel puppies' fur / with

our skin. / ⑪ Our nose helps us / smell things. / ⑫ We smell flowers / with

our nose. / ⑬ We learn new things / with our senses. /

3 낙타가 아닙니다만

① Do you know about llamas? / ② They look like camels. / ③ But

llamas don't have humps. / ④ They have a small head. / ⑤ They have a

long neck. / ⑥ They have long ears. / ⑦ They also have four long legs. / ⑧

Each foot has two toenails. / ⑨ Llamas live / in South America. / ⑩ They

walk / up to 26 kilometers / a day. / ⑪ They go / a long time / without

water. / ⑫ They carry heavy things / for people. / ⑬ So / they are very

helpful / to people! /

1 케이크가 남았을 때

① A party is over. / ② But / you still have half of the cake. / ③ You can

make cake pops / with it. / ④ They look like lollipops. /

⑤ Break up the cake. / ⑥ Add milk / and mix it. /

⑦ Roll it / into balls. / ⑧ They should be the same size. /

⑨ Cover each ball / with melted chocolate. /

⑩ Push a lollipop stick / into each ball. /

⑪ Decorate them / with toppings. /

⑫ Wait / until they get hard. /

⑬ Enjoy your dessert! /

2 여름이 좋아, 겨울이 좋아?

① Some people like / hot, sunny summer days. / ② They are summer

people. / ③ Others like / cold, snowy winter days. / ④ They are winter

people. /

⑤ Summer people go outside / in hot weather. / ⑥ They go to the

beach. / ⑦ They build sandcastles. / ⑧ They enjoy swimming. / ⑨ They

enjoy playing / in the water. /

⑩ On the other hand, / winter people like the cold weather. / ⑪ They

like snowy days. / ⑫ They build snowmen. / ⑬ They enjoy winter activities

/ like skiing. /

⑭ What about you? / ⑮ Are you a summer or winter person? /

3 비둘기는 내 친구

① A baby pigeon fell / out of a tree. / ② An elderly man saw it. / ⑤ He

told his wife. / ④ She said, / "Bring it home!" / ③ So he did. / ⑥ He named

the pigeon Blanchon. / ⑦ She goes / everywhere / with him / now. / ⑧ She

likes to sit / on his shoulder. / ⑨ She watches him / in his workshop. / ⑩ She

spends time / with him / in his garden. / ⑪ People ask, / "How can you be

friends with a bird?" / ⑫ He says / it's easy. / ⑬ He just respects the bird. /

1 같이 계산해 봐요

① Hi, / my name is Luna. / ② There are four people / in my family. /

③ Let me introduce them. / ④ There are my dad, my mom, and my older

sister. / ⑤ I love them all. / ⑥ Let's play a game. / ⑦ Try guessing their

ages. / ⑧ It will be fun! / ⑨ Here are some hints. / ⑩ I am ten years old. / ⑪

My dad is four times my age. / ⑫ My mom is two years younger / than my

dad. / ⑬ My sister is three years older / than me. / ⑭ Can you guess their

ages? /

2 반짝이는 크리스마스 마켓

① Saturday, December 20 /

② My family and I are / in Germany. / ③ We went / to the Christmas

market / today. /

④ We bought cute toys. / ⑤ We bought some cups. / ⑥ We like them! /

⑦ We were hungry. / ⑧ We ate cookies. / ⑨ We ate sausages. / ⑩ We ate

pizza, / too. /

⑪ There were parades. / ⑫ We took pictures. / ⑬ We sang Christmas

songs. / ⑭ We also danced. / ⑮ It was so much fun. /

⑯ We were happy. / ⑰ We'll go there / again! /

3 콜록, 콜록!

① Everyone coughs. / ② When you cough, / air comes / out of your

lungs. / ③ Why do we cough? / ④ Something affects our breathing. / ⑤

Then we cough. / ⑥ Many things can make us / cough. / ⑦ Smoke can

make us / cough. / ⑧ Dust can make us / cough. / ⑨ Cold weather can also

make us / cough. / ⑩ Coughing clears bad things / out of our bodies. / ⑪

It is like our body's cleaner! / ⑫ Do you cough a lot? / ⑬ You need to visit a

doctor. /

1 메달리스트 고양이

① Brave animals are given the Dickin Medal. / ② Only one cat ever got

it. / ③ His name was Simon. / ④ A British sailor found Simon / in Hong

Kong / in 1948. / ⑤ He brought Simon / to his ship. / ⑥ On the ship, /

Simon caught rats. / ⑦ This kept the ship's food safe. / ⑧ One day, / Simon

was hurt / in an attack. / ⑨ However, / he did his job / anyway. / ⑩ The

ship returned home. / ⑪ Simon was going to get the Dickin Medal. / ⑫

Sadly, / he died / first. / ⑬ He was given the medal / after he died. /

2 우리들의 영웅

① Firefighters are our heroes. / ② They save people / from danger. /

③ They also save animals. / ④ They put out fires. / ⑤ They spray water

/ on fires / with long hoses. / ⑥ Fire and smoke are very dangerous. / ⑦

So / firefighters wear special clothes. / ⑧ They also wear special helmets.

/ ⑨ Firefighters drive big trucks. / ⑩ They are called fire engines. / ⑪

Sometimes, / they give first aid. / ⑫ They work day and night. / (⑬ Police

officers work / as much as firefighters. /) ⑭ Firefighters are brave heroes! /

3 세상에서 가장 특별한 연주

① Let's make instruments! / ② I brought my old skateboard. / ③ I

added guitar strings / to it. / ④ It became a guitar! / ⑤ My friend Elsa

brought cans. / ⑥ She put some film / on each can. / ⑦ They became

drums! / ⑧ My friend Jack brought plastic bottles. / ⑨ He put beans / in

them. / ⑩ They became maracas! / ⑪ We played them together. / ⑫ We

made nice music. / ⑬ What great harmony! /

1 내 머리의 비밀

① The bald eagle is a large bird. / ② It has big, strong wings. / ③ It

looks amazing / when it flies. / ④ It hunts fish and ducks. / ⑤ It also hunts

rabbits. / ⑥ The bald eagle looks very unique. / ⑦ Its head is covered / with

white feathers. / ⑧ The rest of its body is covered / with brown feathers.

/ ⑨ That's why / it looks bald. / ⑩ The bald eagle lives / in forests / near

lakes and rivers. / ⑪ It can live / for up to 30 years. /

2 앗, 눈부셔!

① The sun is a big star / in the sky. / ② It gives us light and warmth. /

③ It makes the days bright. / ④ Sometimes, / it goes / behind clouds. / ⑤

Then / the days become dark. / ⑥ The sun helps plants grow. / ⑦ It also

gives us energy. / ⑧ But / we should be careful. / ⑨ Sunlight can burn our

skin! / ⑩ Also, / we should not look directly / at the sun. / ⑪ This is because

/ the sun is very bright. / The sun is much larger / than Earth. / ⑫ It's about

one million times bigger! /

3 Mike의 새 자전거

① It was Mike's birthday. / ② His mom and dad gave him a present. /

③ It was a bike. / ④ It was silver. / ⑤ He was excited. / ⑥ He went out / to

ride the bike. / ⑦ His dad yelled, / "Put on your helmet!" / ⑧ Mike didn't

listen. / ⑨ He went to the park. / ⑩ He met his friends / there. / ⑪ He

showed off / his new bike. / ⑬ He rode it / really fast. / ⑭ Then / he fell. /

⑫ He hurt his forehead. / ⑮ He went home. / ⑯ His dad treated his wound.

/ ⑰ His dad said, / "Wear your helmet / next time!" /

1 모두에게 소중한 강

① The Nile River is / in Africa. / ② It is the longest river / in the world.

/ ③ It is about 6,650 kilometers long. / ④ It flows / through 11 countries. /

⑤ It ends / in the Mediterranean Sea. / ⑥ Ancient Egyptians used it / for

travel. / ⑦ They also used it / for farming. / ⑧ Many people still use it /

today. / But / it's not important / only for people. / ⑨ A lot of wildlife live

/ in the river. / ⑩ There are many animals and plants / in the river. / ⑪ For

example, / the Nile crocodile lives / in the river. / ⑫ It is one of the largest

crocodiles / on Earth. /

2 진심을 받아주세요!

① Dear Ms. Jones, /

② Our math homework was due on Monday. / ③ But / I couldn't hand it

in. / ④ I am writing / to say I'm sorry. / ⑤ I have a reason. / ⑥ I was very

sick. / ⑦ I had a high fever. / ⑧ My parents took me / to the hospital. /

⑨ I am okay / now. / ⑩ I promise / to hand in my homework / by Thursday.

/ ⑪ This will never happen / again. / ⑫ I hope / you accept my apology. /

⑬ Thank you / for understanding. /

⑭ Sincerely, /

⑮ Tom /

3 꽃으로 사랑을 전해요

① Flowers come / in many colors and shapes. / ② Some flowers smell

nice, / like roses. / ③ Others are bright and cheerful, / like daisies. / ④

Giving flowers is a special tradition. / ⑤ People give flowers / to show

love and kindness. / ⑥ When we give flowers, / we make others happy. /

⑦ We can give flowers / on birthdays or holidays. / ⑧ Sometimes, / we

give flowers / to say thank you. / (⑨ But / flowers are expensive. /) ⑩

It's a wonderful way / to spread joy. / ⑪ Why don't you give flowers / to

someone / special / today? /

1 크리스마스 다음 날은 무슨 날?

① The day after Christmas / has a strange name. / ② It is called Boxing

Day. / ③ No one knows the exact origin. / ④ Maybe / it came / from

churches. / ⑤ People in churches collected things / for the poor. / ⑥ They

used boxes. / ⑦ Or / maybe / it came / from gift boxes. / ⑧ Some people

had to work / on Christmas Day. / ⑨ They received gift boxes / after work.

/ However, / Boxing Day is different / today. / ⑩ There are many sports

events / on TV. / ⑪ People watch them / all day. / ⑫ There are many sales,

/ too. / ⑬ People can buy many items / at low prices. /

2 고기를 먹는 벌이 있다고?

① Most bees get food / from flowers. / ② But / some eat meat. / ③

They are called vulture bees. / ④ Vulture bees live / in hot places. / ⑤ They

find dead animals. / ⑥ These are usually birds, monkeys, or snakes. / ⑦ The

vulture bees chase away flies. / ⑧ Then / they enter the animal's body. /

⑨ They collect meat. / ⑩ They carry it / with their legs. / (⑪ Dead animals

smell bad. /) ⑫ The bees bring / the meat / to their hive. / ⑬ They store the

meat / there. / ⑭ Later, / baby vulture bees eat it. /

3 안내를 읽어주세요

① Guide / for Library Visitors /

② Hours /

③ Tuesday to Friday: 9 a.m. to 8 p.m. /

④ Saturday and Sunday: 9 a.m. to 6 p.m. /

⑤ We're closed every Monday. /

⑥ Borrowing /

⑦ You can borrow three books / at a time. /

⑧ You must return the books / within two weeks. /

⑨ Rules /

⑩ Food is not allowed. / ⑪ Drinks with a lid / are okay. /

⑫ Pets are not allowed, / except for service dogs. /

⑬ Please / speak quietly. / ⑭ Please / do not disturb others. /

⑮ All phones must be in mute mode. /

1 '프랑스'하면 떠오르는 것은?

① The Eiffel Tower is / in Paris, France. / ② It is the symbol of the

country. / ③ Gustave Eiffel started / to build the tower / in 1887. / ④ It took

two years / to finish it. / ⑤ The tower is made / of iron. / ⑥ There are three

floors / in it. / ⑦ There are 1,665 steps / in it. / ⑧ Here's a surprising fact. /

⑨ The Eiffel Tower is 324 meters tall. / ⑩ However, / it gets bigger / in the

summer. / ⑪ Do you know why? / ⑫ The heat makes the iron expand! /

2 아무거나 먹지 말아요!

① Good eating habits are important / for our health. / ② Healthy foods

like fruit and vegetables / give us energy. / ③ They make our body strong.

/ ④ They help us grow. / ⑤ Drinking enough water is necessary, too. / ⑥

But many people don't drink water / often. / ⑦ Some drink sweet sodas /

instead. / (⑧ Most fruit grows / on trees. /) ⑨ We should eat / healthy

food / every day. / ⑩ This helps us / stay strong and healthy! /

3 우리가 사는 이 대륙

① Asia is the largest continent / in the world. / ② About 60% of people

/ in the world / live there. / ③ There are 48 countries / in Asia. / ④ Russia

is the largest country / in Asia. / ⑤ The Maldives is the smallest country /

in Asia. / ⑥ The highest mountain / in Asia / is Mount Everest. / ⑦ It's also

the highest mountain / in the world. / ⑧ The Yangtze is the longest river /

in Asia. / ⑨ It is about 6,300 kilometers long. / ⑩ It is the third longest river

/ in the world. /

p. 16

p. 26

p. 36

p. 46

p. 56

p. 66

p. 76

p. 86

Photo Credits

www.shutterstock.com/
www.istockphoto.com/
www.alamy.com/

Reading TUTOR 리딩 튜터

Starter 1

어휘 암기장

NE 능률

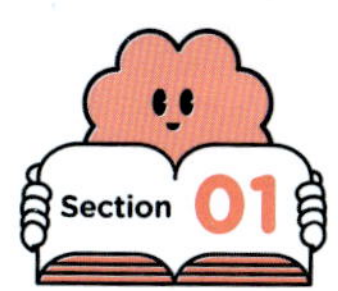

1 나를 맞혀봐!

human	명	사람
animal	명	동물
plant	명	식물
color	명	색
shape	명	모양, 형태
see	동	보다
sea	명	바다
river	명	강
lake	명	호수
hardly	부	거의 ~ 아니다[없다]
desert	명	사막
strong	형	튼튼한, 강한
cut	동	자르다
weak	형	약한
wind	명	바람
move	동	움직이다
need	동	필요로 하다

2 오~ 감이 있어

sense	명	감각
sight	명	시력
hearing	명	청력
hear	동	듣다

taste	몡 미각 톰 맛을 느끼다
touch	몡 촉각
smell	몡 후각 톰 냄새 맡다
eye	몡 눈
help	톰 돕다
thing	몡 것; 물건, 사물
ear	몡 귀
music	몡 음악
tongue	몡 혀
food	몡 음식
sweet	혱 달콤한
chocolate	몡 초콜릿
skin	몡 피부
feel	톰 (촉감으로) 느끼다
puppy	몡 강아지
fur	몡 털
nose	몡 코
flower	몡 꽃
learn	톰 배우다
new	혱 새로운

llama	몡 라마
look like	~처럼 보이다
camel	몡 낙타
hump	몡 혹
head	몡 머리

neck	명 목
leg	명 다리
each	형 각각의
toenail	명 발톱
live	동 살다
walk	동 걷다
up to	~까지
without	전 ~없이
carry	동 나르다
heavy	형 무거운
people	명 사람들
large	형 큰
famous	형 유명한
helpful	형 도움이 되는
different	형 다른

1 케이크가 남았을 때

over	부 끝이 난
still	부 아직도
half of	~의 반
lollipop	명 막대사탕
break up	~를 부수다
add	동 더하다

milk	명 우유
mix	동 섞다
roll	동 굴리다
ball	명 공; 공 모양의 물체
same	형 같은
size	명 크기
cover	동 씌우다; 바르다[뒤덮다]
melted	형 녹은
push	동 밀다
stick	명 나뭇가지; 막대[꼬챙이]
decorate	동 장식하다
topping	명 (음식 위에 얹는) 고명, 토핑
wait	동 기다리다
until	접 ~까지
get	동 받다; (어떤 상태가) 되다
hard	형 단단한, 딱딱한
enjoy	동 즐기다
dessert	명 디저트, 후식
letter	명 편지
essay	명 수필
poem	명 시
recipe	명 요리법
delicious	형 맛있는
let	동 (~하게) 놓아두다

2 여름이 좋아, 겨울이 좋아?

| hot | 형 더운, 뜨거운 |

sunny	형 화창한
summer	명 여름
cold	형 추운, 차가운
snowy	형 눈이 오는
winter	명 겨울
outside	부 바깥에
weather	명 날씨
beach	명 해변
build	동 (건물을) 짓다; 만들어 내다
sandcastle	명 모래성
swim	동 수영하다
play	동 놀다
snowman	명 눈사람
activity	명 활동
skiing	명 스키
person	명 사람, 개인
in addition	게다가
as a result	결과적으로
for example	예를 들어
on the other hand	반면에

3 비둘기는 내 친구

baby	명 아기, 새끼
pigeon	명 비둘기
fall	동 떨어지다(fall-fell-fallen)
elderly	형 연세가 드신
bring	동 가져오다, 데려오다

tell	동 말하다(tell-told-told)
wife	명 아내, 부인
name	동 이름 짓다
everywhere	부 모든 곳에
sit	동 앉다
shoulder	명 어깨
watch	동 보다, 지켜보다
workshop	명 작업장
spend	동 (돈을) 쓰다; (시간을) 보내다
time	명 시간
garden	명 정원
easy	형 쉬운
respect	동 존중하다
friend	명 친구
grow	동 키우다, 기르다
tree	명 나무
feed	동 먹이를 주다

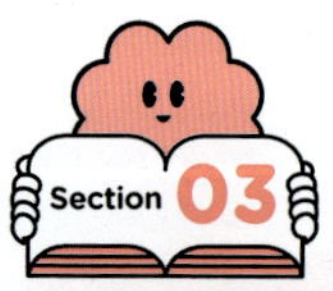

Section 03

1 같이 계산해 봐요

introduce	동 소개하다
play	동 놀다, (게임 · 놀이 등을) 하다
try	동 노력하다; 시도하다, 해보다
guess	동 추측하다; 알아맞히다

age	명 나이
fun	형 재미있는
hint	형 힌트, 암시
old	형 나이가 ~인; 늙은, 나이 많은
young	형 어린

Saturday	명 토요일
December	명 12월
Germany	명 독일
market	명 시장
today	부 오늘
buy	동 사다(buy-bought-bought)
cute	형 귀여운
toy	명 장난감
hungry	형 배고픈
eat	동 먹다(eat-ate-eaten)
sausage	명 소시지
parade	명 퍼레이드
take a picture	사진을 찍다
sing	동 노래하다(sing-sang-sung)
song	명 노래
dance	동 춤을 추다
happy	형 행복한

everyone	몡 모든 사람, 모두
cough	통 기침을 하다
coughing	몡 기침(하기)
air	몡 공기
come	통 오다; 나오다
out of	~의 밖으로
lung	몡 폐
affect	통 영향을 미치다
breathing	몡 호흡
smoke	몡 연기
dust	몡 먼지
clear	통 치우다, 제거하다
body	몡 몸
visit	통 방문하다
doctor	몡 의사
clock	몡 시계
cleaner	몡 청소부; 청소기

1 메달리스트 고양이

| brave | 형 용감한 |
| ever | 부 이제까지 |

British	형 영국의
sailor	명 선원, 뱃사람
ship	명 배
catch	동 잡다(catch-caught-caught)
rat	명 쥐
keep	동 유지하다, 지키다(keep-kept-kept)
safe	형 안전한
hurt	동 다치게[아프게] 하다(hurt-hurt-hurt)
attack	명 공격
however	접 그러나
job	명 일
anyway	부 그래도
return	동 돌아오다[가다]
home	명 집; 고국, 고향
sadly	부 슬프게도
die	동 죽다
first	부 최초의; 먼저

2 우리들의 영웅

firefighter	명 소방관
hero	명 영웅
save	동 구하다
danger	명 위험
dangerous	형 위험한
put out	(불을) 끄다
spray	동 뿌리다
hose	명 호스

wear	동 입고[쓰고] 있다
special	형 특별한
clothes	명 옷
helmet	명 헬멧
drive	동 운전하다
fire engine	명 소방차
give first aid	응급처치를 하다
work	동 일하다
day and night	밤낮으로
police officer	명 경찰관

instrument	명 악기
skateboard	명 스케이트보드
guitar	명 기타
string	명 줄
become	동 ~이 되다(become-became-become)
can	명 통조림, 깡통
put	동 놓다; 붙이다(put-put-put)
film	명 영화; 얇은 막
bottle	명 병
bean	명 콩
play	동 놀다; 연주하다
together	부 함께
news	명 소식, 뉴스
dancing	명 무용, 춤
harmony	명 조화, 화합

painting	명 그림

Section 05

1 내 머리의 비밀

wing	명 날개
amazing	형 놀라운, 굉장한
fly	동 날다
hunt	동 사냥하다
unique	형 독특한
be covered with	~로 덮여 있다
white	형 흰, 흰색의
feather	명 깃털
rest	명 나머지
brown	형 갈색의
bald	형 대머리의
forest	명 숲
up to	~까지

2 앗, 눈부셔!

light	명 빛
warmth	명 따뜻함
bright	형 밝은
sometimes	부 때때로

behind	전 ~뒤에
cloud	명 구름
become	동 ~이 되다
dark	형 어두운
grow	동 성장하다
energy	명 에너지
careful	형 조심하는
sunlight	명 햇빛
burn	동 타오르다; 타다, 태우다
directly	부 곧장, 똑바로
about	부 약, ~쯤
million	명 100만
Earth	명 지구

③ Mike의 새 자전거

birthday	명 생일
present	명 선물
bike	명 자전거
silver	형 은색의
excited	형 신이 난
ride	동 타다(ride-rode-ridden)
yell	동 소리치다
put on	동 쓰다
listen	동 듣다
park	명 공원
meet	동 만나다(meet-met-met)
show off	동 자랑하다

forehead	명 이마
fall	동 떨어지다; 넘어지다(fall-fell-fallen)
treat	동 대하다; 치료하다
wound	명 상처

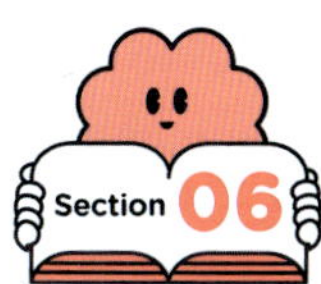

Section **06**

1 모두에게 소중한 강

flow	동 흐르다
through	전 ~을 통해
country	명 국가, 나라
end	동 끝나다
ancient	형 고대의
Egyptian	명 이집트 사람
travel	명 여행; 이동
farming	명 농업, 농사
wildlife	명 야생 생물
crocodile	명 악어
important	형 중요한

2 진심을 받아주세요!

math	명 수학
homework	명 숙제
due	형 ~하기로 되어 있는[예정된]

hand in	동 제출하다
write	동 쓰다
say	동 말하다; (생각 · 감정 등을) 표현하다[말하다]
reason	명 이유
sick	형 아픈
high	형 높은
fever	명 열
happen	동 일어나다
hope	동 바라다
accept	동 받아들이다
apology	명 사과
understand	동 이해하다
sincerely	부 진심으로
fail	동 실패하다
forget	동 잊다
promise	동 약속하다

3 꽃으로 사랑을 전해요

rose	명 장미(꽃)
cheerful	형 발랄한; 생기를 주는
tradition	명 전통
show	동 보여 주다
kindness	명 친절함
holiday	명 휴일, 공휴일
expensive	형 비싼
wonderful	형 멋진
spread	동 펼치다; 퍼뜨리다

joy	몡 기쁨
soft	혱 부드러운
angry	혱 화난
normal	혱 보통의
colorful	혱 형형색색의

1 크리스마스 다음 날은 무슨 날?

the day after	그 다음 날
strange	혱 이상한
exact	혱 정확한
origin	몡 기원, 유래
maybe	뷛 어쩌면, 아마
come from	~의 출신이다, ~에서 생겨나다
church	몡 교회
collect	됩 모으다
poor	혱 가난한
receive	됩 받다
event	몡 사건; 경기
all day	하루 종일
sale	몡 판매; 할인 판매
item	몡 항목; 물품
low	혱 낮은; 저렴한
price	몡 가격

   고기를 먹는 벌이 있다고?

bee	명 벌
meat	명 (식용하는 짐승의) 고기
place	명 장소
find	동 찾다
dead	형 죽은
usually	부 보통
chase away	~을 쫓아내다
fly	명 파리
enter	동 들어가다
carry	동 나르다
hive	명 벌집
store	동 저장하다

   안내를 읽어주세요

guide	명 안내(서)
visitor	명 방문자
hour	명 시간
closed	형 닫힌; 문을 닫은
borrowing	명 대출
borrow	동 빌리다
at a time	한 번에
return	동 돌아오다; 돌려주다, 반납하다
within	전 ~이내에

rule	명 규칙
allow	동 허락하다
drink	명 음료
lid	명 뚜껑
pet	명 반려동물
except for	~을 제외하고
service dog	보조견
quietly	부 조용하게
disturb	동 방해하다
library	명 도서관
bookstore	명 서점
post office	명 우체국

1　'프랑스'하면 떠오르는 것은?

tower	명 탑
symbol	명 상징
country	명 나라
finish	동 (완성하여) 끝내다
be made of	~로 만들어지다
iron	명 철
floor	명 바닥; 층
step	명 (발)걸음; 단[계단]
surprising	형 놀라운

fact	명 사실
heat	명 열기, 열
expand	동 팽창하다

2 아무거나 먹지 말아요!

habit	명 습관
health	명 건강
healthy	형 건강한, 건강에 좋은
fruit	명 과일
vegetable	명 채소
enough	형 충분한
necessary	형 필요한
soda	명 탄산음료
instead	부 대신에
stay	동 머무르다; (상태를) 유지하다
clean	형 깨끗한

3 우리가 사는 이 대륙

| continent | 명 대륙 |
| mountain | 명 산 |

Word Review

Section 01

다음 우리말은 영어로, 영어는 우리말로 쓰시오.

1   human ___________________

2   plant ___________________

3   weak ___________________

4   move ___________________

5   sense ___________________

6   help ___________________

7   sweet ___________________

8   learn ___________________

9   look like ___________________

10   neck ___________________

11   live ___________________

12   famous ___________________

13   remove ___________________

14   다른 ___________________

15   모양, 형태 ___________________

16   거의 ~ 아니다[없다] ___________________

17   필요로 하다 ___________________

18   시력 ___________________

19   듣다 ___________________

20   후각; 냄새 맡다 ___________________

21   음악 ___________________

22   새로운 ___________________

23   각각의 ___________________

24   ~ 없이 ___________________

25   나르다 ___________________

다음 우리말은 영어로, 영어는 우리말로 쓰시오.

1	still	______________
2	add	______________
3	cover	______________
4	enjoy	______________
5	poem	______________
6	hot	______________
7	summer	______________
8	swim	______________
9	in addition	______________
10	pigeon	______________
11	elderly	______________
12	shoulder	______________
13	respect	______________
14	섞다	______________
15	같은	______________
16	장식하다	______________
17	맛있는	______________
18	바깥에	______________
19	날씨	______________
20	(건물을) 짓다; 만들어 내다	______________
21	예를 들어	______________
22	말하다	______________
23	(돈을) 쓰다; (시간을) 보내다	______________
24	친구	______________
25	먹이를 주다	______________

다음 우리말은 영어로, 영어는 우리말로 쓰시오.

1 introduce ___________________

2 try ___________________

3 old ___________________

4 young ___________________

5 Saturday ___________________

6 December ___________________

7 buy ___________________

8 hungry ___________________

9 dance ___________________

10 cough ___________________

11 out of ___________________

12 smoke ___________________

13 doctor ___________________

14 사진을 찍다 ___________________

15 추측하다; 알아맞히다 ___________________

16 나이 ___________________

17 재미있는 ___________________

18 시장 ___________________

19 먹다 ___________________

20 행복한 ___________________

21 방문하다 ___________________

22 모든 사람, 모두 ___________________

23 오다; 나오다 ___________________

24 영향을 미치다 ___________________

25 시계 ___________________

다음 우리말은 영어로, 영어는 우리말로 쓰시오.

1 brave

2 sailor

3 catch

4 keep

5 return

6 firefighter

7 dangerous

8 put out

9 day and night

10 string

11 bottle

12 dancing

13 harmony

14 배

15 다치게[아프게] 하다

16 집; 고국, 고향

17 죽다

18 구하다

19 뿌리다

20 소방차

21 경찰관

22 악기

23 ~이 되다

24 놀다; 연주하다

25 그림

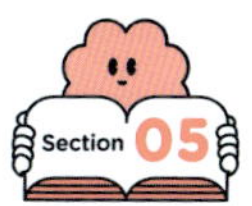

다음 우리말은 영어로, 영어는 우리말로 쓰시오.

1	wing	
2	hunt	
3	be covered with	
4	forest	
5	light	
6	warmth	
7	sometimes	
8	sunlight	
9	million	
10	birthday	
11	silver	
12	put on	
13	listen	
14	독특한	
15	깃털	
16	나머지	
17	대머리의	
18	~뒤에	
19	성장하다	
20	타오르다; 타다, 태우다	
21	곧장, 똑바로	
22	신이 난	
23	자랑하다	
24	대하다; 치료하다	
25	상처	

다음 우리말은 영어로, 영어는 우리말로 쓰시오.

1 through _________________

2 country _________________

3 ancient _________________

4 wildlife _________________

5 math _________________

6 hand in _________________

7 sick _________________

8 happen _________________

9 promise _________________

10 tradition _________________

11 kindness _________________

12 wonderful _________________

13 normal _________________

14 흐르다 _________________

15 여행; 이동 _________________

16 악어 _________________

17 중요한 _________________

18 숙제 _________________

19 쓰다 _________________

20 사과 _________________

21 이해하다 _________________

22 발랄한; 생기를 주는 _________________

23 말하다; 표현하다 _________________

24 펼치다; 퍼뜨리다 _________________

25 화난 _________________

다음 우리말은 영어로, 영어는 우리말로 쓰시오.

1   the day after   _______________

2   strange   _______________

3   origin   _______________

4   collect   _______________

5   item   _______________

6   meat   _______________

7   chase away   _______________

8   enter   _______________

9   store   _______________

10   borrow   _______________

11   within   _______________

12   except for   _______________

13   quietly   _______________

14   ~의 출신이다, ~에서 생겨나다   _______________

15   받다   _______________

16   판매; 할인 판매   _______________

17   낮은; 저렴한   _______________

18   장소   _______________

19   죽은   _______________

20   파리   _______________

21   벌집   _______________

22   안내(서)   _______________

23   시간   _______________

24   허락하다   _______________

25   방해하다   _______________

다음 우리말은 영어로, 영어는 우리말로 쓰시오.

1	tower	__________
2	finish	__________
3	be made of	__________
4	step	__________
5	surprising	__________
6	fact	__________
7	heat	__________
8	health	__________
9	fruit	__________
10	enough	__________
11	instead	__________
12	stay	__________
13	continent	__________
14	상징	__________
15	나라	__________
16	철	__________
17	바닥; 층	__________
18	팽창하다	__________
19	습관	__________
20	채소	__________
21	습관	__________
22	필요한	__________
23	탄산음료	__________
24	깨끗한	__________
25	산	__________

Word Review 정답

Section 01

1 사람 2 식물 3 약한 4 움직이다 5 감각 6 돕다 7 달콤한 8 배우다 9 ~처럼 보이다 10 목 11 살다 12 유명한 13 제거하다 14 different 15 shape 16 hardly 17 need 18 sight 19 hear 20 smell 21 music 22 new 23 each 24 without 25 carry

Section 02

1 아직도 2 더하다 3 씌우다; 바르다[뒤덮다] 4 즐기다 5 시 6 더운, 뜨거운 7 여름 8 수영하다 9 게다가 10 비둘기 11 연세가 드신 12 어깨 13 존중하다 14 mix 15 same 16 decorate 17 delicious 18 outside 19 weather 20 build 21 for example 22 tell 23 spend 24 friend 25 feed

Section 03

1 소개하다 2 노력하다; 시도하다, 해보다 3 나이가 ~인; 늙은, 나이 많은 4 어린 5 토요일 6 12월 7 사다 8 배고픈 9 춤을 추다 10 기침을 하다 11 ~의 밖으로 12 연기 13 의사 14 take a picture 15 guess 16 age 17 fun 18 market 19 eat 20 happy 21 visit 22 everyone 23 come 24 affect 25 clock

Section 04

1 용감한 2 선원, 뱃사람 3 잡다 4 유지하다, 지키다 5 돌아오다[가다] 6 소방관 7 위험한 8 (불을) 끄다 9 밤낮으로 10 줄 11 병 12 무용, 춤 13 조화, 화합 14 ship 15 hurt 16 home 17 die 18 save 19 spray 20 fire engine 21 police officer 22 instrument 23 become 24 play 25 painting

Section 05

1 날개 2 사냥하다 3 ~로 덮여 있다 4 숲 5 빛 6 따뜻함 7 때때로 8 햇빛 9 100만 10 생일 11 은색의 12 쓰다 13 듣다 14 unique 15 feather 16 rest 17 bald 18 behind 19 grow 20 burn 21 directly 22 excited 23 show off 24 treat 25 wound

Section 06

1 ~을 통해 2 국가, 나라 3 고대의 4 야생 생물 5 수학 6 제출하다 7 아픈 8 일어나다 9 약속하다 10 전통 11 친절함 12 멋진 13 보통의 14 flow 15 travel 16 crocodile 17 important 18 homework 19 write 20 apology 21 understand 22 cheerful 23 say 24 spread 25 angry

Section 07

1 그 다음 날 2 이상한 3 기원, 유래 4 모으다 5 항목; 물품 6 (식용하는 짐승의) 고기 7 ~을 쫓아내다 8 들어가다 9 저장하다 10 빌리다 11 ~이내에 12 ~을 제외하고 13 조용하게 14 come from 15 receive 16 sale 17 low 18 place 19 dead 20 fly 21 hive 22 guide 23 hour 24 allow 25 disturb

Section 08

1 탑 2 (완성하여) 끝내다 3 ~로 만들어지다 4 계단 5 놀라운 6 사실 7 열기, 열 8 건강 9 과일 10 충분한 11 대신에 12 머무르다; (상태를) 유지하다 13 대륙 14 symbol 15 country 16 iron 17 floor 18 expand 19 habit 20 vegetable 21 habit 22 necessary 23 soda 24 clean 25 mountain

MEMO

BOOK LIST

도/서/목/록

초등

초등영어 된다 시리즈

초등영어 리딩이 된다

교과 내용을 영어로 쉽고 재미있게
학습하는 초등 독해서
START 1 | 2 | 3 | 4
BASIC 1 | 2 | 3 | 4
JUMP 1 | 2 | 3 | 4

초등영어 문법이 된다

초등 교육과정을 기반으로 한 영문법 학습서
Starter 1 | Starter 2 | 1 | 2

초등영어 단어가 된다

교육부 권장 초등 필수 영단어 학습서
1 | 2 | 3 | 4

초등영어 파닉스가 된다

알파벳 음가 블랜딩 연습을 통해
읽기 유창성을 기르는 파닉스 학습서
1 | 2

초등영어 사이트 워드가 된다

영어 읽기 독립을 위한 사이트 워드 학습서
1 | 2

독해

Reading TUTOR 리딩튜터

체계적인 초·중·고등 독해 프로그램
Starter 1 | 2 | 3
Junior 1 | 2 | 3 | 4
리딩튜터 입문 | 기본 | 실력 | 수능PLUS

달콤한 LITERACY (Reading)

초등학생을 위한 문해력 기본서
LEVEL 1 | 2 | 3
LEVEL 4 | 5 | 6

READING BUDDY

초등학생을 위한 독해 입문서
1 | 2 | 3
Grammar Buddy | Listening Buddy

어휘

주니어 능률 VOCA

대한민국 중등 어휘 교재의 표준
Starter 1 | Starter 2 |
입문 | 기본 | 실력 | 숙어

해당 교재와 연계되는 시리즈

Reading TUTOR 리딩튜터

Starter 1

정답 및 해설

Reading TUTOR 리딩튜터

Starter 1

정답 및 해설

SECTION 01

1

정답 **1** ② **2** weak **3** ④ **4** water

문제 해설

1 desert(사막)를 나타내는 것은 ②이다.

2 strong(강한)과 반대 의미를 가진 단어는 문장 ⑫에 언급된 weak(약한)이다.

3 ④: 문장 ⑬에서 바람은 'I'를 움직일 수 있다고 했다.
①은 문장 ②-③에, ②는 문장 ④-⑤에, ③은 문장 ⑧에 언급되어 있다.

4 사람, 동물, 식물이 아니며, 색깔과 형태가 없고, 바다와 강 그리고 호수에서는 볼 수 있지만 사막에서 볼 수 없는 것은 water(물)이다.

본문 직독 직해

① I am not a human. / ② I am not an animal. / ③ I am not a plant. / ④ I don't have
나는 사람이 아니다   나는 동물이 아니다   나는 식물이 아니다   나는 색깔이 없다

colors. / ⑤ I don't have a shape. /
          나는 형태가 없다

⑥ You can see me / in the sea. / ⑦ You can see me / in rivers. / ⑧ You can see me / in
당신은 나를 볼 수 있다   바다에서   당신은 나를 볼 수 있다   강에서   당신은 나를 볼 수 있다

lakes. / ⑨ You can hardly see me / in the desert. /
호수에서   당신은 나를 거의 볼 수 없다   사막에서

⑩ I am strong. / ⑪ You can't cut me. / ⑫ I am weak. / ⑬ The wind can move me. /
나는 강하다   당신은 나를 자를 수 없다   나는 약하다   바람은 나를 움직일 수 있다

⑭ You need me. / ⑮ I don't need you. / ⑯ What am I? /
당신은 나를 필요로 한다   나는 당신이 필요하지 않다   나는 무엇일까

본문 해석

나는 사람이 아니다. 나는 동물이 아니다. 나는 식물이 아니다. 나는 색깔이 없다. 나는 형태가 없다.
당신은 바다에서 나를 볼 수 있다. 당신은 강에서 나를 볼 수 있다. 당신은 호수에서 나를 볼 수 있다. 당신은 사막에서 나를 거의 볼 수 없다.
나는 강하다. 당신은 나를 자를 수 없다. 나는 약하다. 바람은 나를 움직일 수 있다. 당신은 나를 필요로 한다. 나는 당신이 필요하지 않다. 나는 무엇일까?

구문 해설

⑥ You **can see** me in the sea.
➡ 조동사 can은 '할 수 있다'의 의미로, 뒤에 동사원형이 온다.

⑨ You can **hardly** see me in the desert.
➡ hardly는 '거의 ~ 아니다'의 의미인 부사이다.

정답 **1** ② **2** ④ **3** (1) T (2) F **4** tongue

문제 해설

1 시각, 청각, 미각, 촉각, 후각의 다섯 가지 감각인 오감이 하는 일에 관한 글이므로, 제목으로는 ②가 가장 알맞다.

2 문장 ②에서 시각, 청각, 미각, 촉각, 후각이 오감이라고 했다.

① 미각 ② 시각 ③ 후각 ④ 색

3 (1) 문장 ⑨에 언급되어 있다.

(2) 문장 ⑬에서 감각으로 새로운 것을 배운다고 했다.

4 입 안에 있고, 빨간색이며 움직일 수 있는 신체 부위는 혀(tongue)이다.

본문 직독 직해

① We have five senses. / ② They are sight, hearing, taste, touch, and smell. / ③ Our
우리는 다섯 가지 감각을 가지고 있다   그것들은 시각, 청각, 미각, 촉각, 그리고 후각이다   우리의

eyes help us / see things. / ④ We see colors / with our eyes. / ⑤ Our ears help us /
눈은 우리를 돕는다   사물을 보는 것을   우리는 색을 본다   우리의 눈으로   우리의 귀는 우리를 돕는다

hear things. / ⑥ We hear music / with our ears. / ⑦ Our tongue helps us / taste food. /
사물을 듣는 것을   우리는 음악을 듣는다   우리의 귀로   우리의 혀는 우리를 돕는다   음식을 맛보는 것을

⑧ We taste sweet chocolate / with our tongue. / ⑨ Our skin helps us / feel things. /
우리는 달콤한 초콜릿을 맛본다   우리의 혀로   우리의 피부는 우리를 돕는다   사물을 느끼는 것을

⑩ We feel puppies' fur / with our skin. / ⑪ Our nose helps us / smell things. / ⑫ We smell
우리는 강아지의 털을 느낀다   우리의 피부로   우리의 코는 우리를 돕는다   사물의 냄새를 맡는 것을   우리는 꽃의

flowers / with our nose. / ⑬ We learn new things / with our senses. /
냄새를 맡는다   우리의 코로   우리는 새로운 것들을 배운다   우리의 감각들로

본문 해석

　　우리는 다섯 가지 감각을 가지고 있다. 그것들은 시각, 청각, 미각, 촉각, 그리고 후각이다. 우리의 눈은 우리가 사물을 보는 것을 돕는다. 우리는 눈으로 색을 본다. 우리의 귀는 우리가 사물을 듣는 것을 돕는다. 우리는 귀로 음악을 듣는다. 우리의 혀는 우리가 음식을 맛보는 것을 돕는다. 우리는 혀로 달콤한 초콜릿을 맛본다. 우리의 피부는 우리가 사물을 느끼는 것을 돕는다. 우리는 피부로 강아지의 털을 느낀다. 우리의 코는 우리가 사물의 냄새를 맡는 것을 돕는다. 우리는 코로 꽃의 냄새를 맡는다. 우리는 감각들로 새로운 것들을 배운다.

구문 해설

② They are **sight**, **hearing**, **taste**, **touch**, and **smell**.

➡ 명사 sight, hearing, taste, touch, smell이 「A, B, C, D, and E」의 구조로 병렬 연결되어 있다.

③ Our eyes **help us see** things.

➡ 「help+목적어+동사원형[to-v]」은 '~가 …하는 것을 돕다'의 의미이다.

3

정답 **1** (1) F (2) T **2** ③ **3** heavy **4** 8

문제 해설

1 (1) 문장 ③에서 라마는 혹이 없다고 했다.
  (2) 문장 ⑪에 언급되어 있다.

2 빈칸 앞 문장에서 라마들이 사람들을 위해 무거운 것들을 나른다고 하였으므로, 빈칸에는 ③ '도움이 되는'이 가장 알맞다.
  ① 큰 ② 유명한 ④ 다른

3 '무게가 많이 나가는'의 의미를 가진 단어는 문장 ⑫에 언급된 heavy(무거운)이다.

4 문장 ⑦-⑧에서 라마는 다리가 네 개 있고, 각각의 발에 두 개의 발톱을 가지고 있다고 했으므로, 라마는 총 8개의 발톱을 가지고 있음을 알 수 있다.

본문 직독 직해

① Do you know about llamas? / ② They look like camels. / ③ But llamas don't have
당신은 라마에 관해 아는가 　 그들은 낙타처럼 보인다 　 하지만 라마는 혹이 없다

humps. / ④ They have a small head. / ⑤ They have a long neck. / ⑥ They have long
　 그들은 작은 머리를 가지고 있다 　 그들은 긴 목을 가지고 있다 　 그들은 긴 귀를 가지고 있다

ears. / ⑦ They also have four long legs. / ⑧ Each foot has two toenails. / ⑨ Llamas live /
　 그들은 또한 네 개의 긴 다리를 가지고 있다 　 각각의 발은 두 개의 발톱을 가지고 있다 　 라마는 산다

in South America. / ⑩ They walk / up to 26 kilometers / a day. / ⑪ They go / a long
남아메리카에 　 라마는 걷는다 　 26킬로미터까지 　 하루에 　 그들은 간다 　 오랜 시간을

time / without water. / ⑫ They carry heavy things / for people. / ⑬ So / they are very
물 없이도 　 그들은 무거운 것들을 나른다 　 사람들을 위해 　 그래서 그들은 매우 도움이

helpful / to people! /
된다 　 사람들에게

본문 해석

　당신은 라마에 관해 아는가? 그들은 낙타처럼 보인다. 하지만 라마는 혹이 없다. 그들은 작은 머리를 가지고 있다. 그들은 긴 목을 가지고 있다. 그들은 긴 귀를 가지고 있다. 그들은 또한 네 개의 긴 다리를 가지고 있다. 각각의 발은 두 개의 발톱을 가지고 있다. 라마는 남아메리카에 산다. 그들은 하루에 26킬로미터까지 걷는다. 그들은 물 없이도 오랜 시간을 간다. 그들은 사람들을 위해 무거운 것들을 나른다. 그래서 그들은 사람들에게 매우 <u>도움이 된다</u>!

구문 해설

② They **look like** camels.
  ➡ 「look like+명사」는 '~처럼 보이다'의 의미이다.

⑧ **Each foot has** two toenails.
  ➡ 「each+단수 명사」는 '각각의 ~'의 의미로, 단수 취급하므로 단수형 동사 has가 쓰였다.

⑩ They walk up to 26 kilometers **a** day.
  ➡ a day의 a는 '~마다'의 의미이다.

정답
1 plant　**2** chocolate　**3** color　**4** toenail　**5** walk　**6** puppy　**7** ⓒ　**8** ⓑ
9 ⓐ　**10** ④　**11** ③　**12** hardly　**13** up to　**14** without
15 You can see me in the sea.
16 Each foot has two toenails.
17 Our tongue helps us taste food.

문제 해설

1　plant: 식물

2　chocolate: 초콜릿

3　color: 색

4　toenail: 발톱

5　walk: 걷다

6　puppy: 강아지

7　famous(유명한): ⓒ 많은 사람들에게 알려진

8　learn(배우다): ⓑ 새로운 무언가를 이해하다

9　move(움직이다): ⓐ 한 곳에서 다른 한 곳으로 가다

10　그녀는 어제 <u>새</u> 셔츠를 샀다.
　　① 달콤한　② 유명한　③ 다른　④ 오래된

11　각각의 꽃은 <u>다른</u> 색을 가진다.
　　① 큰　② 무거운　③ 같은　④ 약한

12　hardly: 거의 ~ 아니다[없다]

13　up to: ~까지

14　without: ~없이

15　'~할 수 있다'의 의미로 조동사 can을 쓰고 다음에 동사원형 see를 쓴다.

16　'각각의 ~'의 의미로 「each+단수 명사」를 쓰고 다음에 단수형 동사 has를 쓴다.

17　'~가 …하는 것을 돕다'라는 의미의 「help+목적어+동사원형」을 쓴다.

SECTION 02

1

정답　**1** ④　**2** ②　**3** dessert　**4** (1) cake　(2) size　(3) melted　(4) hard

문제 해설

1　케이크 팝을 만드는 방법을 설명한 글이므로, 글의 형식으로는 ④ '요리법'이 가장 알맞다.
　① 편지　② 수필　③ 시

2　②: 계란은 케이크 팝의 재료로 언급되어 있지 않다.
　①은 문장 ⑤, ③은 문장 ⑥, ④는 문장 ⑨에 언급되어 있다.

3　'식사 후 먹는 달콤한 음식'이라는 의미의 단어는 dessert(디저트, 후식)이다.

4
맛있는 케이크 팝 만드는 법

1.	(1)케이크를 부숴라.
2.	공을 같은 (2)크기로 만들어라.
3.	(3)녹은 초콜릿으로 공을 덮어라.
4.	케이크 팝이 (4)딱딱해지도록 놔둬라.

본문 직독 직해

① A party is over. / ② But / you still have half of the cake. / ③ You can make cake
파티가 끝났다　　　하지만　당신은 아직 케이크의 절반을 가지고 있다　　당신은 케이크 팝을 만들 수 있다

pops / with it. / ④ They look like lollipops. /
그것으로　　　그것들은 막대사탕처럼 보인다

1. ⑤ Break up the cake. / ⑥ Add milk / and mix it. /
케이크를 부숴라　　　우유를 넣어라　그리고 그것을 섞어라

2. ⑦ Roll it / into balls. / ⑧ They should be the same size. /
그것을 굴려라　공 모양으로　그것들은 같은 크기여야 한다

3. ⑨ Cover each ball / with melted chocolate. /
각 공을 덮어라　　녹은 초콜릿으로

4. ⑩ Push a lollipop stick / into each ball. /
막대사탕 막대를 밀어 넣어라　각 공에

5. ⑪ Decorate them / with toppings. /
그것들을 장식해라　　토핑으로

6. ⑫ Wait / until they get hard. /
기다려라　그것들이 딱딱해질 때까지

⑬ Enjoy your dessert! /
당신의 디저트를 즐겨라

본문 해석

　파티가 끝났다. 하지만 당신은 아직 케이크의 절반을 가지고 있다. 당신은 그것으로 케이크 팝을 만들 수 있다. 그것들은 막대사탕처럼 보인다.

1. 케이크를 부숴라. 우유를 넣고 그것을 섞어라.

2. 그것을 공 모양으로 굴려라. 그것들은 같은 크기여야 한다.

3. 각 공을 녹은 초콜릿으로 덮어라.

4. 막대사탕 막대를 각 공에 밀어 넣어라.

5. 그것들을 토핑으로 장식해라.

6. 그것들이 딱딱해질 때까지 기다려라.

   당신의 디저트를 즐겨라!

④ They **look like** lollipops.

→ 「look like」는 '~처럼 보이다'의 의미이다.

⑤ **Break up** the cake.

→ 동사원형 Break가 문장 맨 앞에 와서 명령문으로 쓰였다.

⑥ **Add** milk and **mix** it.

→ 명령문의 동사원형 Add와 mix가 접속사 and로 병렬 연결되어 있다.

⑧ They **should be** the same size.

→ should는 '~해야 한다'의 의미의 조동사로, 뒤에 동사원형이 온다.

⑨ **Cover** *each ball* **with** melted chocolate.

→ 「cover A with B」는 'A를 B로 덮다'의 의미이다.

→ 「each+단수 명사」는 '각각의 ~'의 의미이다.

⑩ **Push** a lollipop stick **into** each ball.

→ 「push A into B」는 'A를 B에 밀어 넣다'의 의미이다.

⑫ Wait **until** they *get hard*.

→ until은 '~까지'의 의미로, 〈때〉를 나타내는 접속사이다.

→ 「get+형용사」는 '(어떤 상태가) 되다'의 의미이다.

2

정답　**1** ④　**2** ④　**3** (1) F (2) F　**4** (1) sandcastles (2) water (3) snowmen (4) skiing

**문제
해설**

1　여름을 좋아하는 사람과 겨울을 좋아하는 사람을 비교하는 내용의 글이므로, 주제로는 ④가 가장 알맞다.

2　빈칸 앞쪽에 여름인이 좋아하는 것을 설명하고, 빈칸 뒤쪽에는 겨울인이 좋아하는 것을 대조하여 설명하고 있으므로, 빈칸에는 대조를 나타내는 ④ '반면에'가 가장 알맞다.

　① 게다가　② 결과적으로　③ 예를 들어

3　(1) 문장 ⑥-⑧에서 여름인들은 해변을 가고, 모래성을 만들고, 수영하는 것을 즐긴다고 했다.

　(2) 겨울인들이 따뜻한 물에 들어가는 것을 좋아한다는 언급은 없다.

4

	여름인	겨울인
그들이 좋아하는 것	• 그들은 ⁽¹⁾모래성을 만든다. • 그들은 ⁽²⁾물에서 노는 것을 즐긴다.	• 그들은 ⁽³⁾눈사람을 만든다. • 그들은 ⁽⁴⁾스키와 같은 겨울 활동을 즐긴다.

**본문
직독
직해**

① Some people like / hot, sunny summer days. / ② They are summer people. /
　어떤 사람들은 좋아한다　덥고 화창한 여름 날들을　　　　그들은 여름인이다

③ Others like / cold, snowy winter days. / ④ They are winter people. /
　다른 사람들은 좋아한다　춥고 눈이 오는 겨울 날들을　　그들은 겨울인이다

⑤ Summer people go outside / in hot weather. / ⑥ They go to the beach. / ⑦ They
　여름인들은 밖으로 나간다　　더운 날씨에　　　　그들은 해변으로 간다　　　그들은

build sandcastles. / ⑧ They enjoy swimming. / ⑨ They enjoy playing / in the water. /
모래성을 만든다　　　　　그들은 수영하는 것을 즐긴다　　　　그들은 노는 것을 즐긴다　　물에서

⑩ On the other hand, / winter people like the cold weather. / ⑪ They like snowy
반면에　　　　　　　겨울인들은 추운 날씨를 좋아한다　　　　　　그들은 눈이 오는 날을 좋아한다

days. / ⑫ They build snowmen. / ⑬ They enjoy winter activities / like skiing. /
그들은 눈사람을 만든다　　　　그들은 겨울 활동을 즐긴다　　　　스키와 같은

⑭ What about you? / ⑮ Are you a summer or winter person? /
당신은 어떤가　　　　　당신은 여름인 또는 겨울인인가

본문 해석

어떤 사람들은 덥고 화창한 여름 날들을 좋아한다. 그들은 여름인이다. 다른 사람들은 춥고 눈이 오는 겨울 날들을 좋아한다. 그들은 겨울인이다.

여름인들은 더운 날씨에 밖으로 나간다. 그들은 해변으로 간다. 그들은 모래성을 만든다. 그들은 수영하는 것을 즐긴다. 그들은 물에서 노는 것을 즐긴다.

반면에, 겨울인들은 추운 날씨를 좋아한다. 그들은 눈이 오는 날을 좋아한다. 그들은 눈사람을 만든다. 그들은 스키와 같은 겨울 활동을 즐긴다.

당신은 어떤가? 당신은 여름인 또는 겨울인인가?

구문 해설

⑧ They **enjoy swimming**.
➔ 「enjoy+v-ing」는 '~하는 것을 즐기다'의 의미이다.

⑬ They enjoy winter activities **like** skiing.
➔ like는 '~와 같은, ~처럼'의 의미인 전치사로 쓰였다.

본책 • pp. **22-23**

3

정답　1 ④　2 ②　3 ③　4 ①

문제 해설

1　노인이 나무에서 떨어진 비둘기를 봤다는 내용 뒤에, 그가 아내에게 그것을 말했다는 내용의 (C), 아내가 그 비둘기를 집에 데려오라고 말했다는 내용의 (B), 노인이 아내의 말대로 비둘기를 집에 데려왔다는 내용의 (A)로 이어지는 흐름이 가장 알맞다.

2　빈칸 앞에서 노인과 비둘기가 어떻게 함께 시간을 보내는지에 관해 설명했으므로, 빈칸에는 ② '새와 친구가 되다'가 가장 알맞다.

① 아내를 존중하다　　　　　　　　③ 정원에서 나무를 키우다
④ 작업장에서 새들에게 먹이를 주다

3　③: 문장 ⑥에 언급되어 있다.
①은 문장 ①에서 나무에서 떨어졌다고 했고, ②는 문장 ②에서 노인이 발견했다고 했다. ④는 문장 ⑧에서 노인의 어깨에 앉는 것을 좋아한다고 했다.

4　ⓐ는 노인의 아내를 가리키는 반면, 나머지는 Blanchon을 가리킨다.

① A baby pigeon fell / out of a tree. / ② An elderly man saw it. / ⑤ He told his wife. /
새끼 비둘기가 떨어졌다　　나무에서　　　　한 노인이 그것을 보았다　　　　그는 그의 아내에게 말했다

④ She said, / "Bring it home!" / ③ So he did. / ⑥ He named the pigeon Blanchon. /
그녀는 말했다　　집으로 데려와요　　　그래서 그는 그렇게 했다　그는 그 비둘기를 Blanchon이라고 이름 지었다

⑦ She goes / everywhere / with him / now. / ⑧ She likes to sit / on his shoulder. /
그녀는 간다　　모든 곳에　　　그와 함께　　이제　　　그녀는 앉는 것을 좋아한다　그의 어깨에

⑨ She watches him / in his workshop. / ⑩ She spends time / with him / in his garden. /
그녀는 그를 지켜본다　　그의 작업장에서　　　그녀는 시간을 보낸다　　그와 함께　　그의 정원에서

⑪ People ask, / "How can you be friends with a bird?" / ⑫ He says / it's easy. /
사람들은 묻는다　　당신은 어떻게 새와 친구가 될 수 있나요　　　　　　그는 말한다　　그것이 쉽다고

⑬ He just respects the bird. /
그는 그저 그 새를 존중한다

　　새끼 비둘기가 나무에서 떨어졌다. 한 노인이 그것을 보았다. (C) 그는 그의 아내에게 말했다. (B) 그녀는 "집으로 데려와요!"라고 말했다. (A) 그래서 그는 그렇게 했다. 그는 그 비둘기를 Blanchon이라고 이름 지었다. 그녀는 이제 그와 함께 모든 곳에 간다. 그녀는 그의 어깨에 앉는 것을 좋아한다. 그녀는 그의 작업장에서 그를 지켜본다. 그녀는 그의 정원에서 그와 함께 시간을 보낸다. 사람들은 "당신은 어떻게 새와 친구가 될 수 있나요?"라고 묻는다. 그는 그것이 쉽다고 말한다. 그는 그저 그 새를 존중한다.

③ So he **did**.
　➜ did는 대동사 do의 과거형으로, brought the pigeon home을 대신하고 있다.

⑥ He **named the pigeon Blanchon**.
　➜ 「name A B」는 'A를 B로 이름 짓다'의 의미이다.

⑧ She **likes to sit** on his shoulder.
　➜ 「like+to-v[v-ing]」는 '~하는 것을 좋아하다'의 의미이다.

⑫ He says [(**that**) it's easy].
　➜ [ ]는 동사 says의 목적어 역할을 하는 명사절로, 접속사 that이 생략되었다.

정답
1 melted **2** mix **3** sunny **4** garden **5** snowman **6** pigeon **7** ⓑ **8** ⓐ
9 ⓒ **10** ③ **11** ① **12** everywhere **13** break up **14** For example
15 They look like lollipops.
16 They enjoy winter activities like skiing.
17 He named the pigeon Blanchon.

문제 해설

1 melted: 녹은

2 mix: 섞다

3 sunny: 화창한

4 garden: 정원

5 snowman: 눈사람

6 pigeon: 비둘기

7 decorate(장식하다): ⓑ 무언가를 더 아름답게 꾸미다

8 wife(아내): ⓐ 결혼한 여성 배우자

9 snowy(눈이 오는): ⓒ 눈이 많이 내리는

10 그녀는 문을 밀 수 있다.
① 지켜보다　② 말하다　③ 당기다　④ 가져오다

11 조심해라. 난로가 아직 뜨겁다.
① 차가운　② 맛있는　③ 같은　④ 단단한

12 everywhere: 모든 곳에

13 break up: ~를 부수다

14 for example: 예를 들어

15 '~처럼 보이다'라는 의미로 look like를 쓴다.

16 '~와 같은'이라는 의미로 전치사 like를 쓴다.

17 'A를 B로 이름 짓다'라는 의미의 「name A B」를 쓴다.

SECTION 03

1

정답 **1** ② **2** ② **3** introduce **4** 101

문제 해설

1 Luna가 가족을 소개하며 그들의 나이를 맞혀보라고 하는 글이므로, 주제로는 ②가 가장 알맞다.

2 ②: 문장 ⑪에서 아빠의 나이가 Luna의 나이의 4배라고 했다.

①은 문장 ⑩에, ③은 문장 ⑫에, ④는 문장 ⑬에 언급되어 있다.

3 '사람이나 사물 등을 다른 사람에게 처음으로 알리거나 설명하다'라는 의미의 단어는 introduce(소개하다)이다.

4 Luna의 나이 = 10살 / 아빠의 나이 = Luna의 나이×4 = 40살 / 엄마의 나이 = 아빠의 나이 − 2 = 38살 /
언니의 나이 = Luna의 나이+3 = 13살이다. 그러므로 모두의 나이를 더한 값은 101이다.

본문 직독 직해

① Hi, / my name is Luna. / ② There are four people / in my family. / ③ Let me
안녕   내 이름은 Luna야   4명이 있어   나의 가족에는   그들을

introduce them. / ④ There are my dad, my mom, and my older sister. / ⑤ I love them all. /
소개할게   아빠, 엄마, 그리고 언니가 있어   나는 그들 모두를 사랑해

⑥ Let's play a game. / ⑦ Try guessing their ages. / ⑧ It will be fun! / ⑨ Here are some
게임을 해보자   그들의 나이를 맞혀봐   재미있을 거야   여기 몇 가지 힌트가

hints. / ⑩ I am ten years old. / ⑪ My dad is four times my age. / ⑫ My mom is two years
있어   나는 열 살이야   아빠의 나이는 나의 나이의 4배야   엄마는 두 살

younger / than my dad. / ⑬ My sister is three years older / than me. / ⑭ Can you guess
어려   아빠보다   언니는 세 살 더 많아   나보다   그들의 나이를

their ages? /
알아맞힐 수 있니

본문 해석

안녕, 내 이름은 Luna야. 나의 가족은 4명이야. 그들을 소개할게. 아빠, 엄마, 그리고 언니가 있어. 나는 그들
모두를 사랑해. 게임을 해보자. 그들의 나이를 맞혀봐. 재미있을 거야! 여기 몇 가지 힌트가 있어. 나는 열 살이야.
아빠의 나이는 나의 나이의 4배야. 엄마는 아빠보다 두 살 어려. 언니는 나보다 세 살 더 많아. 그들의 나이를 알아
맞힐 수 있니?

구문 해설

② **There are four people** in my family.

→ 「there are+복수 명사」는 '~들이 있다'의 의미이다. (*cf.* there is + 단수 명사: ~가 있다)

③ **Let me introduce** them.

→ 「let + 목적어 + 동사원형」은 '~가 …하게 하다'의 의미이다.

⑦ **Try guessing** their ages.

→ 「try + v-ing」는 '~하는 것을 시도하다, 해보다'의 의미이다. (*cf.* try+to-v: ~하려고 노력하다)

⑧ It **will** be fun.

→ will은 '~할 것이다'의 의미인 조동사로, 〈추측〉을 나타낸다.

⑨ **Here are some hints**.

→ 「here are+복수 명사」는 '여기 ~들이 있다'의 의미이다. (*cf.* here is + 단수 명사: 여기 ~가 있다)

정답 **1** ② **2** ③ **3** (1) T (2) F (3) T **4** ④

문제 해설

1 크리스마스 마켓 행사를 경험한 일과 느낀점을 기록한 글이므로, 글의 형식으로는 ② '일기'가 가장 알맞다.

2 ①은 문장 ⑧에, ②는 문장 ⑨에, ④는 문장 ⑩에 언급되었지만, ③ 샌드위치는 언급되지 않았다.

3 (1) 문장 ②에 언급되어 있다.

(2) 문장 ④-⑤에서 장난감과 컵을 샀다고 했다.

(3) 문장 ⑪-⑫에 언급되어 있다.

4 문장 ⑯에 언급되어 있다.

본문 직독 직해

① Saturday, December 20 /
토요일, 12월 20일

② My family and I are / in Germany. / ③ We went / to the Christmas market / today. /
우리 가족과 나는 있다   독일에   우리는 갔다   크리스마스 마켓에   오늘

④ We bought cute toys. / ⑤ We bought some cups. / ⑥ We like them! /
우리는 귀여운 장난감을 샀다   우리는 몇 개의 컵을 샀다   우리는 그것들이 마음에 든다

⑦ We were hungry. / ⑧ We ate cookies. / ⑨ We ate sausages. / ⑩ We ate pizza, too. /
우리는 배가 고팠다   우리는 쿠키를 먹었다   우리는 소시지를 먹었다   우리는 피자를 먹었다 또한

⑪ There were parades. / ⑫ We took pictures. / ⑬ We sang Christmas songs. / ⑭ We
퍼레이드가 있었다   우리는 사진을 찍었다   우리는 크리스마스 노래를 불렀다   우리는

also danced. / ⑮ It was so much fun. /
춤도 췄다   정말 재미있었다

⑯ We were happy. / ⑰ We'll go there / again! /
우리는 행복했다   우리는 그곳을 갈 것이다   다시

본문 해석

토요일, 12월 20일

우리 가족과 나는 독일에 있다. 우리는 오늘 크리스마스 마켓에 갔다.

우리는 귀여운 장난감을 샀다. 우리는 몇 개의 컵을 샀다. 우리는 그것들이 마음에 든다!

우리는 배가 고팠다. 우리는 쿠키를 먹었다. 우리는 소시지를 먹었다. 우리는 피자도 먹었다.

퍼레이드가 있었다. 우리는 사진을 찍었다. 우리는 크리스마스 노래를 불렀다. 우리는 춤도 췄다. 정말 재미있었다.

우리는 행복했다. 우리는 그곳을 다시 갈 것이다!

⑥ We like **them**!

→ them은 앞 문장의 cute toys와 some cups를 가리킨다.

⑪ **There were parades**.

→ 「there were+복수 명사」는 '~들이 있었다'의 의미이다.

⑰ We'll go **there** again!

→ there는 the Christmas market을 가리킨다.

본책 • pp. 32–33

정답   **1** ④   **2** (1) T (2) F   **3** ④   **4** visit a doctor

문제
해설

1 기침을 하는 원인에 관한 글이므로, 주제로는 ④ '우리가 기침을 하는 이유'가 가장 알맞다.

2 (1) 문장 ⑦에 언급되어 있다.

(2) 문장 ⑩에서 기침은 우리의 몸에서 나쁜 것들을 없애준다고 했다.

3 빈칸 앞 문장에서 기침은 우리의 몸에서 나쁜 것들을 없애준다고 했으므로, 빈칸에는 우리 몸을 깨끗이 해주는 ④ '청소기'가 가장 알맞다.

① 시계   ② 음악   ③ 가족

4 문장 ⑫–⑬에 언급되어 있다.

> Q: 기침을 많이 한다면 당신은 어떻게 해야 하는가?
> A: 의사를 방문해야 한다.

본문
직독
직해

① Everyone coughs. / ② When you cough, / air comes / out of your lungs. / ③ Why do
　모두가 기침을 한다　　　　당신이 기침을 할 때　　공기가 나온다　당신의 폐에서

we cough? / ④ Something affects our breathing. / ⑤ Then we cough. / ⑥ Many things
우리는 왜 기침을 할까　무언가가 우리의 호흡에 영향을 준다　　　그러면 우리는 기침을 한다　많은 것들이

can make us / cough. / ⑦ Smoke can make us / cough. / ⑧ Dust can make us / cough.
우리를 만들 수 있다 기침하게　　연기는 우리를 만들 수 있다　기침하게　　먼지는 우리를 만들 수 있다 기침하게

⑨ Cold weather can also make us / cough. / ⑩ Coughing clears bad things / out of our
추운 날씨도 우리를 만들 수 있다　　　　　　기침하게　　기침은 나쁜 것들을 없애준다　　　우리의 몸에서

bodies. / ⑪ It is like our body's cleaner! / ⑫ Do you cough a lot? / ⑬ You need to visit
　　　　그것은 우리 몸의 청소기와 같다　　　　당신은 기침을 많이 하는가　　　당신은 의사를 방문할

a doctor. /
필요가 있다

본문
해석

　　모두가 기침을 한다. 당신이 기침을 할 때, 공기가 당신의 폐에서 나온다. 우리는 왜 기침을 할까? 무언가가 우리의 호흡에 영향을 준다. 그러면 우리는 기침을 한다. 많은 것들이 우리를 기침하게 만들 수 있다. 연기는 우리를 기침하게 만들 수 있다. 먼지는 우리를 기침하게 만들 수 있다. 추운 날씨도 우리를 기침하게 만들 수 있다. 기침은 우리의 몸에서 나쁜 것들을 없애준다. 그것은 우리 몸의 청소기와 같다! 당신은 기침을 많이 하는가? 당신은 의사를 방문할 필요가 있다.

② **When** you cough, air comes out of your lungs.

➡ When은 '~할 때'의 의미로, 〈때〉를 나타내는 접속사이다.

⑥ Many things can **make us cough.**

➡ 「make+목적어+동사원형」은 '~을 …하게 만들다'의 의미이다.

⑪ It is **like** our body's cleaner!

➡ like는 '~와 같은, ~처럼'의 의미인 전치사로 쓰였다.

⑬ You **need to visit** a doctor.

➡ 「need+to-v」는 '~할 필요가 있다, ~해야 한다'의 의미이다.

정답 **1** sausage　**2** doctor　**3** cleaner　**4** clock　**5** toy　**6** dance　**7** ⓑ　**8** ⓐ
9 ⓒ　**10** ③　**11** ④　**12** out of　**13** Try reading　**14** take pictures
15 There were parades.
16 Smoke can make us cough.
17 Let me introduce them.

문제 해설

1　sausage: 소시지

2　doctor: 의사

3　cleaner: 청소기

4　clock: 시계

5　toy: 장난감

6　dance: 춤을 추다

7　air(공기): ⓑ 지구를 둘러싸고 있는 냄새와 색이 없는 기체

8　lung(폐): ⓐ 숨을 쉬게 해주는 몸의 기관

9　market(시장): ⓒ 사람들이 물건을 사고파는 곳

10　나의 개는 <u>늙었</u>지만 아직 건강하다.
　　① 재미있는　② 귀여운　③ 어린　④ 행복한

11　나는 이번 주말에 새 책을 <u>살</u> 것이다.
　　① 추측하다　② 소개하다　③ 먹다　④ 팔다

12　out of ~: ~의 밖으로

13　try+v-ing: ~하는 것을 시도하다, 해보다

14　take a picture: 사진을 찍다

15　'~들이 있었다'라는 의미로, 「there were+복수 명사」를 쓴다.

16　'~을 …하게 만들다'라는 의미의 「make+목적어+동사원형」을 쓴다.

17　'~가 …하게 하다'라는 의미의 「let+목적어+동사원형」을 쓴다.

SECTION 04

1

정답 1 ② 2 ② 3 ③ 4 Simon이 배에서 쥐를 잡는 것

문제 해설

1 배에서 쥐를 잡으며 음식을 안전하게 지키고, 다쳐도 자신의 일을 계속해 상을 받은 Simon이라는 고양이에 관한 글이므로, 제목으로는 ②가 가장 알맞다.

2 ⓑ는 영국 선원을 가리키고, 나머지는 고양이 Simon을 가리킨다.

3 ③: 문장 ⑨에서 Simon은 다쳐도 자신의 일을 했다고 했으나, 다친 선원들을 도왔다는 언급은 없다.
①은 문장 ①-③에, ②는 문장 ④-⑤에, ④는 문장 ⑪-⑬에 언급되어 있다.

4 문장 ⑥에 언급되어 있다.

본문 직독 직해

① Brave animals are given the Dickin Medal. / ② Only one cat ever got it. / ③ His
용감한 동물은 디킨 메달을 받는다   이제까지 오직 한 마리의 고양이만 그것을 받았다

name was Simon. / ④ A British sailor found Simon / in Hong Kong / in 1948. / ⑤ He
그의 이름은 Simon이었다   한 영국 선원이 Simon을 발견했다   홍콩에서   1948년에   그는

brought Simon / to his ship. / ⑥ On the ship, / Simon caught rats. / ⑦ This kept the ship's
Simon을 데려갔다   그의 배로   배에서   Simon은 쥐를 잡았다   이것은 배의 음식을

food safe. / ⑧ One day, / Simon was hurt / in an attack. / ⑨ However, / he did his job /
안전하게 지켜주었다   어느 날   Simon은 다쳤다   공격으로   그러나   그는 자신의 일을 했다

anyway. / ⑩ The ship returned home. / ⑪ Simon was going to get the Dickin Medal. /
그래도   그 배는 고국으로 돌아갔다   Simon은 디킨 메달을 받을 예정이었다.

⑫ Sadly, / he died / first. / ⑬ He was given the medal / after he died. /
슬프게도   그는 죽었다   먼저   그는 그 메달을 받았다   그가 죽은 후에

본문 해석

용감한 동물은 디킨 메달을 받는다. 이제까지 오직 한 마리의 고양이만이 그것을 받았다. 그의 이름은 Simon이었다. 한 영국 선원이 1948년 홍콩에서 Simon을 발견했다. 그는 Simon을 그의 배로 데려갔다. 배에서 Simon은 쥐를 잡았다. 이것은 배의 음식을 안전하게 지켜주었다. 어느 날, Simon은 공격으로 다쳤다. 그러나 그는 그래도 자신의 일을 했다. 그 배는 고국으로 돌아갔다. Simon은 디킨 메달을 받을 예정이었다. 슬프게도, 그는 먼저 죽었다. 그는 죽은 후에 그 메달을 받았다.

구문 해설

① Brave animals **are given** the Dickin Medal.
➜ are given는 '받는다'의 의미로, 「be+p.p.」의 수동태이다.

⑤ He **brought Simon to his ship**.
➜ 「bring A to B」는 'B에게 A를 가져가다'의 의미로, 「bring B A」로 바꿔 쓸 수 있다.

⑦ This **kept the ship's food safe**.
➜ 「keep+목적어+형용사」는 '~을 …하게 유지하다'의 의미이다.

⑬ **He was given the medal** *after* he died.
➜ 「A be given B」는 'A가 B를 받다'의 의미로, 「give A B」의 수동태 표현이다.
➜ after는 '~뒤에, ~후에'의 의미로 쓰인 접속사이다.

2

정답 1 ② 2 ④ 3 ③ 4 save

문제 해설

1 소방관이 하는 일에 관한 글이므로, 주제로는 ②가 가장 알맞다.
2 ④: 소방관이 훈련하는 장소에 대해서는 언급되지 않았다.
   ①은 문장 ②-③에, ②는 문장 ⑤에, ③은 문장 ⑦-⑧에 언급되어 있다.
3 소방관의 일을 설명하는 내용 중에, 경찰관들은 소방관들만큼 많이 일을 한다는 내용의 (c)는 흐름상 어색하다.
4 '누군가를 위험한 상황으로부터 벗어나게 하다'의 의미를 가진 단어는 save(구하다)이다.

본문 직독 직해

① Firefighters are our heroes. / ② They save people / from danger. / ③ They also save
소방관들은 우리의 영웅이다   그들은 사람들을 구한다   위험으로부터   그들은

animals. / ④ They put out fires. / ⑤ They spray water / on fires / with long hoses. /
동물들도 구한다   그들은 불을 끈다   그들은 물을 뿌린다   불에   긴 호스로

⑥ Fire and smoke are very dangerous. / ⑦ So / firefighters wear special clothes. /
불과 연기는 매우 위험하다   그래서 소방관들은 특별한 옷을 입는다

⑧ They also wear special helmets. / ⑨ Firefighters drive big trucks. / ⑩ They are called
그들은 특별한 헬멧도 쓴다   소방관들은 큰 트럭을 운전한다   그것들은 소방차라고

fire engines. / ⑪ Sometimes, / they give first aid. / ⑫ They work day and night. /
불린다   때때로   그들은 응급처치를 한다   그들은 밤낮으로 일한다

(⑬ Police officers work / as much as firefighters. /) ⑭ Firefighters are brave heroes! /
경찰관들은 일을 한다   소방관들만큼 많이   소방관들은 용감한 영웅이다

본문 해석

소방관들은 우리의 영웅이다. 그들은 사람들을 위험으로부터 구한다. 그들은 동물들도 구한다. 그들은 불을 끈다. 그들은 긴 호스로 불에 물을 뿌린다. 불과 연기는 매우 위험하다. 그래서 소방관들은 특별한 옷을 입는다. 그들은 특별한 헬멧도 쓴다. 소방관들은 큰 트럭을 운전한다. 그것들은 소방차라고 불린다. 때때로, 그들은 응급처치를 한다. 그들은 밤낮으로 일한다. (경찰관들은 소방관들만큼 많이 일을 한다.) 소방관들은 용감한 영웅이다!

구문 해설

⑬ Police officers work **as much as** firefighters.
→ 「as+부사[형용사]의 원급+as」는 '~만큼 …하게[한]'의 의미이다.

3

정답 1 ④ 2 (1) T (2) F 3 plastic bottles 4 ③

문제 해설

1 친구들과 재활용품으로 악기를 만들어 함께 연주했다는 글이므로, 제목으로는 ④가 가장 알맞다.
2 (1) 문장 ②-③에 언급되어 있다.
   (2) 문장 ⑤-⑦에서 Elsa는 깡통으로 드럼을 만들었다고 했다.
3 바로 앞 문장 ⑧에 언급되어 있다.
4 빈칸 앞에서 직접 만든 악기로 함께 연주했고 그것으로 좋은 음악을 만들었다고 했으므로, 빈칸에는 ③ '조화'가 가장 알맞다.
   ① 뉴스 ② 춤 ④ 그림

① Let's make instruments! / ② I brought my old skateboard. / ③ I added guitar
악기를 만들어보자   나는 내 오래된 스케이트보드를 가져왔다   나는 기타 줄을 추가

strings / to it. / ④ It became a guitar! / ⑤ My friend Elsa brought cans. / ⑥ She put some
했다   그것에   그것은 기타가 되었다   내 친구 Elsa는 깡통들을 가져왔다   그녀는 얇은 막을

film / on each can. / ⑦ They became drums! / ⑧ My friend Jack brought plastic bottles. /
붙였다 각각의 깡통 위에   그것들은 드럼이 되었다   내 친구 Jack은 플라스틱 병들을 가져왔다

⑨ He put beans / in them. / ⑩ They became maracas! / ⑪ We played them together. /
그는 콩을 넣었다   그것들에   그것들은 마라카스가 되었다   우리는 그것들을 함께 연주했다

⑫ We made nice music. / ⑬ What great harmony! /
우리는 좋은 음악을 만들었다   얼마나 멋진 조화인가

악기를 만들어보자! 나는 내 오래된 스케이트보드를 가져왔다. 나는 그것에 기타 줄을 추가했다. 그것은 기타가 되었다! 내 친구 Elsa는 깡통들을 가져왔다. 그녀는 각각의 깡통 위에 얇은 막을 붙였다. 그것들은 드럼이 되었다! 내 친구 Jack은 플라스틱 병들을 가져왔다. 그는 그것들에 콩을 넣었다. 그것들은 마라카스가 되었다! 우리는 그것들을 함께 연주했다. 우리는 좋은 음악을 만들었다. 얼마나 멋진 조화인가!

① **Let's make** instruments!
➡ 「Let's+동사원형」은 '~하자'의 의미이다.

③ I **added** guitar strings **to** it.
➡ 「add A to B」는 'A를 B에 더하다'의 의미이다.

④ It **became a guitar**!
➡ 「become+명사」는 '~가 되다'의 의미이다.

⑥ She put some film on **each can**.
➡ 「each+단수 명사」는 '각각의 ~'의 의미이다.

⑨ He **put** beans **in** them.
➡ 「put A in B」는 'A를 B 안에 넣다'의 의미이다.

⑬ **What great harmony!**
➡ 「What+(a(n))+형용사+명사(+주어+동사)!」는 '얼마나 ~한 …인가!'의 의미인 감탄문이다.

정답

1 sailor **2** fire engine **3** rat **4** skateboard **5** bean **6** spray **7** ⓒ **8** ⓐ
9 ⓑ **10** ① **11** ② **12** put out **13** Let's play **14** day and night
15 She put some film on each can.
16 This kept the ship's food safe.
17 Police officers work as much as firefighters.

**문제
해설**

1 sailor: 선원, 뱃사람

2 fire engine: 소방차

3 rat: 쥐

4 skateboard: 스케이트보드

5 bean: 콩

6 spray: 뿌리다

7 harmony(조화, 화합): ⓒ 서로 잘 어울림

8 attack(공격): ⓐ 나아가서 적 또는 상대편을 치는 것

9 drive(운전하다): ⓑ 차량을 조종하다

10 많은 사람들이 병으로 죽는다.

  ① 살다   ② 주다   ③ 가르치다   ④ 잡다

11 야생 동물은 위험할 수 있다.

  ① 아름다운   ② 안전한   ③ 다른   ④ 특별한

12 put out: (불을) 끄다

13 Let's+동사원형: ~하자

14 day and night: 밤낮으로

15 '각각의 ~'라는 의미의 「each+단수 명사」를 쓴다.

16 '~을 …하게 유지하다'라는 의미의 「keep+목적어+형용사」를 쓴다.

17 '~만큼 …하게'라는 의미의 「as+부사의 원급+as」를 쓴다.

SECTION 05

정답 **1** ② **2** (1) F (2) T **3** 머리는 하얀 깃털로 덮여 있고 몸의 나머지는 갈색 깃털로 덮여 있기 때문에
4 (1) lakes (2) fish

문제 해설

1 흰머리수리의 특성에 관한 글이므로, 주제로는 ②가 가장 알맞다.

2 (1) 문장 ②에서 흰머리수리의 날개는 크고 강하다고 했다.

  (2) 문장 ⑪에 언급되어 있다.

3 문장 ⑦-⑨에 언급되어 있다.

4

흰머리수리

그것들이 사는 곳	(1)호수와 강 근처의 숲에
그것들이 사냥하는 것	(2)물고기, 오리, 그리고 토끼

본문 직독 직해

① The bald eagle is a large bird. / ② It has big, strong wings. / ③ It looks amazing /
흰머리수리는 큰 새이다　　　　　　그것은 크고 강한 날개를 가지고 있다　　그것은 굉장해 보인다

when it flies. / ④ It hunts fish and ducks. / ⑤ It also hunts rabbits. / ⑥ The bald eagle
그것이 날 때　　그것은 물고기와 오리를 사냥한다　　그것은 토끼도 사냥한다　　흰머리수리는

looks very unique. / ⑦ Its head is covered / with white feathers. / ⑧ The rest of its body
매우 독특해 보인다　　그것의 머리는 덮여 있다　　하얀 깃털로　　그것의 몸의 나머지는

is covered / with brown feathers. / ⑨ That's why / it looks bald. / ⑩ The bald eagle lives /
덮여 있다　　갈색 깃털로　　그것이 이유이다　그것이 대머리로 보이는　흰머리수리는 산다

in forests / near lakes and rivers. / ⑪ It can live / for up to 30 years. /
숲에서　　호수와 강 근처의　　그것은 살 수 있다　30년까지

본문 해석

　흰머리수리는 큰 새이다. 그것은 크고 강한 날개를 가지고 있다. 그것은 날 때 굉장해 보인다. 그것은 물고기와 오리를 사냥한다. 그것은 토끼도 사냥한다. 흰머리수리는 매우 독특해 보인다. 그것의 머리는 하얀 깃털로 덮여 있다. 그것의 몸의 나머지는 갈색 깃털로 덮여 있다. 그것이 흰머리수리가 대머리로 보이는 이유이다. 흰머리수리는 호수와 강 근처의 숲에서 산다. 그것은 30년까지 살 수 있다.

구문 해설

③ It **looks amazing** *when* it flies.

  → 「look+형용사」는 '~하게 보이다'의 의미이다.

  → when은 '~할 때'의 의미를 나타내는 접속사이다.

⑦ Its head **is covered with** white feathers.

  → 「be covered with」는 '~로 덮여있다'의 의미이다.

⑧ The rest [of its body] is covered with brown feathers.

  → [ ]는 The rest를 수식하는 전치사구이다.

⑨ **That's why** it looks bald.

  → 「that's why ~」는 '그것이 ~한 이유이다'의 의미로, 뒤에 결과에 해당하는 내용이 온다.

정답   **1** ④   **2** ④   **3** bright   **4** grow, energy

문제 해설

1 주어진 문장은 '태양은 지구보다 훨씬 크다'는 내용이므로, 태양이 지구보다 백만 배 더 크다는 구체적인 수치를 나타내는 내용의 문장 ⑫ 앞인 ④에 오는 것이 가장 자연스럽다.

2 ④: 문장 ⑩-⑪에서 태양이 밝기 때문에 직접 보면 안 된다고 했다.
①은 문장 ②에, ②는 문장 ④-⑤에, ③은 문장 ⑨에 언급되어 있다.

3 '불빛이 환해 잘 보이는'이라는 의미를 가진 단어는 bright(밝은)이다.

4 문장 ⑥-⑦을 통해 알 수 있다.

> 태양은 식물이 <u>성장하는</u> 것을 돕고 우리에게 <u>에너지</u>를 준다.

본문 직독 직해

① The sun is a big star / in the sky. / ② It gives us light and warmth. / ③ It makes the
태양은 큰 별이다　　　　하늘에 있는　　　그것은 우리에게 빛과 따뜻함을 준다　　　그것은 낮을
days bright. / ④ Sometimes, / it goes / behind clouds. / ⑤ Then / the days become
밝게 만든다　　　때때로　　　그것은 간다　구름 뒤로　　　그러면　낮이 어두워진다
dark. / ⑥ The sun helps plants / grow. / ⑦ It also gives us energy. / ⑧ But / we should be
　　　태양은 식물이 돕는다　　　성장하는 것을　그것은 또한 우리에게 에너지를 준다　하지만　우리는 조심해야
careful. / ⑨ Sunlight can burn our skin! / ⑩ Also, / we should not look directly / at
한다　　　햇빛은 우리의 피부를 태울 수 있다　　　또한　　　우리는 직접 보면 안 된다
the sun. / ⑪ This is because / the sun is very bright. / The sun is much larger / than
태양을　　　이것은 ~ 때문이다　　　태양이 매우 밝다　　　태양은 훨씬 크다
Earth. / ⑫ It's about one million times bigger! /
지구보다　　　그것은 약 백만 배 더 크다

본문 해석

　　태양은 하늘에 있는 큰 별이다. 그것은 우리에게 빛과 따뜻함을 준다. 그것은 낮을 밝게 만든다. 때때로 그것은 구름 뒤로 간다. 그러면 낮이 어두워진다. 태양은 식물이 성장하는 것을 돕는다. 그것은 또한 우리에게 에너지를 준다. 하지만 우리는 조심해야 한다. 햇빛은 우리의 피부를 태울 수 있다! 또한, 우리는 태양을 직접 보면 안 된다. 이는 태양이 매우 밝기 때문이다. <u>태양은 지구보다 훨씬 크다.</u> 그것은 약 백만 배 더 크다!

구문 해설

② It **gives us light and warmth**.
➡ 「give A B」는 'A에게 B를 주다'의 의미로, us가 A, light and warmth가 B이다.

③ It **makes the days bright**.
➡ 「make+목적어+형용사」는 '~을 …하게 만들다'의 의미이다.

⑤ Then the days **become dark**.
➡ 「become+형용사」는 '~해지다'의 의미이다.

⑥ The sun **helps plants grow**.
➡ 「help+목적어+동사원형[to-v]」은 '~가 …하는 것을 돕다'의 의미이다.

⑧ But we **should** be careful.
➡ should는 '~해야 한다'의 의미로, 〈의무〉를 나타내는 조동사이다.

⑩ Also, we **should not look** directly at the sun.
➡ 「should not+동사원형」은 '~하면 안 된다'의 의미로, 〈금지〉를 나타낸다.

본책 • pp. 52-53

정답 **1** ③ **2** ③ **3** (1) T (2) F **4** ③

문제 해설

1 자전거를 탈 때 헬멧을 쓰라는 아빠의 말씀을 듣지 않고 넘어져 다쳤다는 내용의 글이므로, 제목으로는 ③이 가장 알맞다.

2 Mike가 새 자전거를 자랑했다는 내용 뒤에, 그가 매우 빠르게 자전거를 탔다는 내용의 (B), 하지만 자전거를 타다가 넘어졌다는 내용의 (C), 그 결과 이마를 다쳤다는 내용의 (A)로 이어지는 흐름이 가장 알맞다

3 (1) 문장 ⑦-⑧에 언급되어 있다.

(2) 문장 ⑫에서 이마를 다쳤다고 했다.

4 Mike는 부모님께 생일 선물로 자전거를 받아서 신났다가 헬멧을 쓰지 않아 다쳐서 슬펐을 것이다.

본문 직독 직해

① It was Mike's birthday. / ② His mom and dad gave him a present. / ③ It was a bike. /
Mike의 생일이었다　　그의 엄마와 아빠는 그에게 선물을 주었다　　그것은 자전거였다

④ It was silver. / ⑤ He was excited. / ⑥ He went out / to ride the bike. / ⑦ His dad
그것은 은색이었다　　그는 신이 났다　　그는 나갔다　　자전거를 타러　　그의 아빠는 소리

yelled, / "Put on your helmet!" / ⑧ Mike didn't listen. / ⑨ He went to the park. / ⑩ He
쳤다　　헬멧을 쓰렴　　Mike는 듣지 않았다　　그는 공원으로 갔다　　그는

met his friends / there. / ⑪ He showed off / his new bike. / ⑬ He rode it / really fast. /
친구들을 만났다　거기에서　그는 자랑했다　자신의 새로운 자전거를　그는 그것을 탔다　매우 빠르게

⑭ Then / he fell. / ⑫ He hurt his forehead. / ⑮ He went home. / ⑯ His dad treated his
그리고서　그는 넘어졌다　그는 이마를 다쳤다　　그는 집으로 갔다　　아빠가 그의 상처를

wound. / ⑰ His dad said, / "Wear your helmet / next time!" /
치료했다　　아빠는 말씀하셨다　헬멧을 써라　　다음에는

본문 해석

　　Mike의 생일이었다. 그의 엄마와 아빠는 그에게 선물을 주었다. 그것은 자전거였다. 그것은 은색이었다. 그는 신이 났다. 그는 자전거를 타러 나갔다. 그의 아빠는 '헬멧을 쓰렴!'이라고 소리쳤다. Mike는 듣지 않았다. 그는 공원으로 갔다. 그는 거기에서 친구들을 만났다. 그는 자신의 새로운 자전거를 자랑했다. (B) 그는 그것을 매우 빠르게 탔다. (C) 그리고서 그는 넘어졌다. (A) 그는 이마를 다쳤다. 그는 집으로 갔다. 아빠가 그의 상처를 치료했다. 아빠는 '다음에는 헬멧을 써라!'라고 말씀하셨다.

② His mom and dad **gave him a present**.

→ 「give A B」는 'A에게 B를 주다'의 의미로, 여기서 him이 A, a present가 B에 해당한다.

⑥ He went out **to ride** the bike.

→ to ride는 '타기 위해'의 의미로, 〈목적〉을 나타내는 부사적 용법의 to부정사이다.

⑦ His dad yelled, "**Put** on your helmet!"

→ 동사원형 Put이 문장 맨 앞에 와서 명령문으로 쓰였다.

Review Test

정답

1 present **2** forest **3** feather **4** forehead **5** cloud **6** burn **7** ⓐ **8** ⓒ
9 ⓑ **10** ② **11** ④ **12** become **13** was covered with **14** showed off
15 It looks amazing when it flies.
16 It's about one million times bigger than Earth!
17 His mom and dad gave him a present.

문제 해설

1 present: 선물

2 forest: 숲

3 feather: 깃털

4 forehead: 이마

5 cloud: 구름

6 burn: 타다, 태우다

7 hunt(사냥하다): ⓐ 강한 동물이 약한 동물을 먹이로 잡다

8 careful(조심하는): ⓒ 실수나 위험을 피하려고 주의하는

9 treat(치료하다): ⓑ 병이나 상처를 낫게 하기 위해 처치하다

10 구름은 하늘을 <u>어둡게</u> 만들었다.

① 놀라운 ② 밝은 ③ 큰 ④ 신이 난

11 그녀의 목소리는 매우 <u>독특하다</u>.

① 조심하는 ② 새로운 ③ 대머리의 ④ 흔한

12 become: ~이 되다

13 be covered with: ~로 덮여 있다

14 show off: 자랑하다

15 '~하게 보이다'라는 의미의 「look+형용사」를 쓰고, 이어서 '~할 때'라는 의미의 접속사 when을 쓴다.

16 '~보다 몇 배 더 …한'이라는 의미의 「배수사+비교급+than」을 쓴다.

17 'A에게 B를 주다'라는 의미의 「give A B」를 쓴다.

SECTION **06**

1

정답　**1** ④　**2** (1) T (2) F (3) T　**3** ②　**4** wildlife

문제 해설

1 고대부터 사람들이 이동과 농사에 이용해 왔으며 야생 생물의 서식지이기도 한 나일강에 관한 글이므로, 제목으로는 ④가 가장 알맞다.

2 (1) 문장 ④에 언급되어 있다.
(2) 문장 ⑥-⑦에서 나일강은 고대 이집트인들의 이동과 농사에 이용되었다고 했다.
(3) 문장 ⑪-⑫에 언급되어 있다.

3 '하지만 그것은 사람들에게만 중요한 것이 아니다'라는 내용의 주어진 문장은 많은 사람들이 오늘날에도 나일강을 이용한다는 내용의 문장 ⑧과 나일강에 많은 야생 생물이 살고 있다는 내용의 문장 ⑨ 사이인 ②에 오는 것이 가장 알맞다.

4 '산이나 들 같은 자연에서 사는 동물이나 다른 생명체'라는 의미를 가진 단어는 wildlife(야생 생물)이다.

본문 직독 직해

① The Nile River is / in Africa. / ② It is the longest river / in the world. / ③ It is about
나일강은 있다　　아프리카에　　그것은 가장 긴 강이다　　세계에서　　그것은

6,650 kilometers long. / ④ It flows / through 11 countries. / ⑤ It ends / in the
길이가 약 6,650킬로미터이다　　그것은 흐른다　11개국을 통해　　그것은 끝난다

Mediterranean Sea. / ⑥ Ancient Egyptians used it / for travel. / ⑦ They also used it / for
지중해에서　　고대 이집트인들은 그것을 이용했다　　이동에　　그들은 또한 그것을 이용했다

farming. / ⑧ Many people still use it / today. / But / it's not important / only for
농사에　　많은 사람들이 여전히 그것을 이용한다　오늘날에도　하지만　그것은 중요한 것이 아니다　사람들에게만

people. / ⑨ A lot of wildlife live / in the river. / ⑩ There are many animals and plants /
　　많은 야생 생물이 살고 있다　그 강에　　많은 동물들과 식물들이 있다

in the river. / ⑪ For example, / the Nile crocodile lives / in the river. / ⑫ It is one of the
그 강에　　예를 들면　　나일악어는 살고 있다　그 강에서　　그것은 가장 큰

largest crocodiles / on Earth. /
악어들 중 하나이다　지구에서

본문 해석

　　나일강은 아프리카에 있다. 그것은 세계에서 가장 긴 강이다. 그것은 길이가 약 6,650킬로미터이다. 그것은 11개국을 통해 흐른다. 그것은 지중해에서 끝난다. 고대 이집트인들은 이동에 그것을 이용했다. 그들은 농사에도 그것을 이용했다. 오늘날에도 많은 사람들이 여전히 그것을 이용한다. 하지만 그것은 사람들에게만 중요한 것이 아니다. 그 강에는 많은 야생 생물이 살고 있다. 많은 동물들과 식물들이 그 강에 있다. 예를 들면, 나일악어는 그 강에서 살고 있다. 그것은 지구에서 가장 큰 악어들 중 하나이다.

구문 해설

② It is **the longest river in the world**.
→ 「the+최상급(+명사)+in+장소나 범위」는 '~(안)에서 가장 …한'의 의미이다.

⑩ **There are many animals and plants** in the river.
→ 「there are+복수 명사」는 '~들이 있다'의 의미이다. (cf. there is+단수 명사: ~가 있다)

⑫ It is **one of the largest crocodiles** on Earth.
→ 「one of the+최상급+복수 명사」는 '가장 ~한 …들 중 하나'의 의미이다.

정답　　1 ②　　2 ③　　3 ④　　4 (1) F (2) T

문제 해설

1　Tom이 기한 내에 숙제를 제출하지 못해 Jones 선생님에게 죄송하다고 하는 내용의 글이므로, 글의 목적으로는 ②가 가장 알맞다.

2　숙제를 기한 내에 제출하지 못한 이유를 언급하며 죄송하다고 말하는 것으로 보아 Ms. Jones는 선생님일 것이다.

3　문장 ②-③에서 숙제는 월요일까지였으나 제출하지 못했다고 했고, 빈칸 뒤에는 목요일까지 숙제를 제출하겠다는 내용이 오므로 빈칸에는 ④ '약속하다'가 가장 알맞다.
　　① 실패하다　② 기다리다　③ 잊다

4　(1) 문장 ②-③에 수학 숙제를 제출하지 못했다고 했다.
　　(2) 문장 ⑦-⑧에 언급되어 있다.

본문 직독 직해

① Dear Ms. Jones, /
Jones 선생님께

② Our math homework was due on Monday. / ③ But / I couldn't hand it in. / ④ I am
우리의 수학 숙제는 월요일까지였습니다　　　　하지만　저는 그것을 제출할 수 없었습니다　저는

writing / to say I'm sorry. / ⑤ I have a reason. / ⑥ I was very sick. / ⑦ I had a high
글을 쓰고 있습니다　죄송하다고 말씀드리기 위해　저는 이유가 있습니다　　　저는 매우 아팠습니다　　　저는 고열이

fever. / ⑧ My parents took me / to the hospital. /
났습니다　　　부모님은 저를 데려갔습니다　　병원으로

⑨ I am okay / now. / ⑩ I promise / to hand in my homework / by Thursday. / ⑪ This
저는 괜찮습니다　이제　　　저는 약속하겠습니다　숙제를 제출하겠다고　　　　목요일까지　　　이런

will never happen / again. / ⑫ I hope / you accept my apology. / ⑬ Thank you / for
일이 일어나지 않을 것입니다　다시는　　　저는 바랍니다　선생님이 제 사과를 받아주시기를　　　감사합니다

understanding. /
이해해 주셔서

⑭ Sincerely, /
진심으로

⑮ Tom /
Tom 올림

Jones 선생님께

우리의 수학 숙제는 월요일까지였습니다. 하지만 저는 그것을 제출할 수 없었습니다. 죄송하다고 말씀드리기 위해 글을 쓰고 있습니다. 저는 이유가 있습니다. 저는 매우 아팠습니다. 저는 고열이 났습니다. 부모님은 저를 병원으로 데려갔습니다.

저는 이제 괜찮습니다. 목요일까지 숙제를 제출하겠다고 <u>약속하겠습니다.</u> 다시는 이런 일이 일어나지 않을 것입니다. 선생님께서 사과를 받아주셨으면 좋겠습니다. 이해해 주셔서 감사합니다.

진심으로,

Tom 올림

③ But I couldn't **hand it in**.
→ hand in은 「동사+부사」로 이루어진 구동사로, 목적어가 대명사일 경우 동사와 부사 사이에 쓴다.

④ I **am writing** *to say* [(that) I'm sorry].
→ am writing은 '쓰고 있다'의 의미로, 「be동사의 현재형+v-ing」의 현재진행형이다.
→ to say는 '말하기 위해'의 의미로, 〈목적〉을 나타내는 부사적 용법의 to부정사이다.
→ [ ]는 say의 목적어 역할을 하는 명사절로, 접속사 that이 생략되었다.

⑧ My parents **took me to the hospital**.
→ 「take A to B」는 'A를 B로 데려가다'의 의미이다.

⑩ I **promise to hand** in my homework *by* Thursday.
→ 「promise+to-v」는 '~할 것을 약속하다'의 의미이다.
→ by는 '~까지'의 의미인 전치사이다.

⑪ This will **never** happen again.
→ never는 '결코 ~ 않다'의 의미인 빈도부사로, 주로 일반동사 앞이나 be동사, 조동사 뒤에 온다.

⑫ I hope [(**that**) you accept my apology].
→ [ ]는 동사 hope의 목적어 역할을 하는 명사절로, 접속사 that이 생략되었다.

⑬ Thank you for **understanding**.
→ understanding은 전치사 for의 목적어 역할을 하는 동명사이다.

본책 • pp. 62–63

정답 **1** ② **2** ③ **3** ④ **4** thank you

1 꽃을 선물하는 전통에 관한 글이므로, 주제로는 ②가 가장 알맞다.

2 special(특별한)과 반대 의미의 단어는 ③ 'normal(보통의)'이다.
① 부드러운 ② 화난 ④ 형형색색의

3 꽃을 선물하는 것의 의미와 장점에 관해 설명하는 내용 중에, 꽃은 비싸다는 내용의 (d)는 글의 흐름과 무관하다.

4 문장 ⑧에 언급되어 있다.

사람들은 친절을 보여주고 <u>감사함</u>을 표현하기 위해 꽃을 준다.

① Flowers come / in many colors and shapes. / ② Some flowers smell nice, / like
꽃은 나타난다　　　　많은 색깔과 모양으로　　　　　　　　어떤 꽃들은 좋은 냄새가 난다

roses. / ③ Others are bright and cheerful, / like daisies. / ④ Giving flowers is a special
장미꽃처럼　　다른 것들은 밝고 생기를 준다　　　　데이지처럼　　　꽃을 주는 것은 특별한

tradition. / ⑤ People give flowers / to show love and kindness. / ⑥ When we give
전통이다　　　　사람들은 꽃을 준다　　　사랑과 친절을 보여주기 위해　　　　우리가 꽃을 줄 때

flowers, / we make others happy. / ⑦ We can give flowers / on birthdays or holidays. /
우리는 다른 사람들을 행복하게 만든다　우리는 꽃을 줄 수 있다　　생일이나 휴일에

⑧ Sometimes, / we give flowers / to say thank you. / (⑨ But / flowers are expensive. /)
때때로　　　　우리는 꽃을 준다　　감사함을 표현하기 위해　　하지만　꽃은 비싸다

⑩ It's a wonderful way / to spread joy. / ⑪ Why don't you give flowers / to someone /
그것은 멋진 방법이다　　기쁨을 퍼뜨리는　　　꽃을 주는 건 어떤가　　　　사람에게

special / today? /
특별한　　오늘

　　꽃은 많은 색깔과 모양으로 나타난다. 어떤 꽃들은 장미꽃처럼 좋은 냄새가 난다. 다른 꽃들은 데이지처럼 밝고 생기를 준다. 꽃을 주는 것은 특별한 전통이다. 사람들은 사랑과 친절을 보여주기 위해 꽃을 준다. 우리가 꽃을 줄 때, 우리는 다른 사람들을 행복하게 만든다. 우리는 생일이나 휴일에 꽃을 줄 수 있다. 때때로 우리는 감사함을 표현하기 위해 꽃을 준다. (하지만 꽃은 비싸다.) 그것은 기쁨을 퍼뜨리는 멋진 방법이다. 오늘 특별한 사람에게 꽃을 주는 건 어떤가?

② Some flowers **smell nice**, *like* roses.

→ 「smell + 형용사」는 '~한 냄새가 나다'의 의미이다.

→ like는 '~와 같은, ~처럼'의 의미인 전치사로 쓰였다.

④ [**Giving** flowers] **is** a special tradition.

→ [ ]는 주어 역할을 하는 동명사구이며, 동명사구는 단수 취급하므로 단수형 동사 is가 쓰였다.

⑤ People give flowers **to show** love and kindness.

→ to show는 '보여주기 위해'의 의미로, 〈목적〉을 나타내는 부사적 용법의 to부정사이다.

⑥ When we give flowers, we **make others happy**.

→ 「make+목적어+형용사」는 '~을 …하게 만들다'의 의미이다.

⑧ Sometimes, we give flowers **to say** thank you.

→ to say는 '표현하기 위해'의 의미로, 〈목적〉을 나타내는 부사적 용법의 to부정사이다.

⑩ It's a wonderful way **to spread** joy.

→ to spread는 '퍼뜨리는'의 의미로, a wonderful way를 수식하는 형용사적 용법의 to부정사이다.

⑪ **Why don't you give** flowers to *someone special* today?

→ 「why don't you+동사원형?」은 '~하는 게 어때?'의 의미로, 〈권유·제안〉을 나타낸다.

→ -one으로 끝나는 대명사는 형용사가 뒤에서 수식하므로, 형용사 special이 someone 뒤에 왔다.

정답
1 farming　**2** fever　**3** crocodile　**4** angry　**5** colorful　**6** write　**7** ⓑ　**8** ⓐ
9 ⓒ　**10** ④　**11** ②　**12** through　**13** smells, like　**14** hand in
15 My parents took me to the hospital.
16 It is the longest river in the world.
17 Why don't you give flowers to someone special today?

문제 해설

1　farming: 농업, 농사

2　fever: 열

3　crocodile: 악어

4　angry: 화난

5　colorful: 형형색색의

6　write: 쓰다

7　tradition(전통): ⓑ 사람들이 아주 오랫동안 해오던 것

8　apology(사과): ⓐ 실수에 대해 미안하다고 말하는 것

9　important(중요한): ⓒ 필요한 또는 가치 있는

10　그 산은 매우 높다.

　　① 아픈　② 보통의　③ 멋진　④ 낮은

11　그 영화는 오후 9시에 끝날 것이다.

　　① 흐르다　② 시작하다　③ 받아들이다　④ 이해하다

12　through: ~을 통해

13　smell+형용사: ~한 냄새가 나다 / like: ~와 같은, ~처럼

14　hand in: 제출하다

15　'A를 B로 데려가다'라는 의미의 take A to B를 쓴다.

16　'~(안)에서 가장 …한'이라는 의미의 「the+최상급(+명사)+in+장소나 범위」를 쓴다.

17　'~하는 게 어때?'라는 의미의 「why don't you+동사원형?」을 쓴다. -one으로 끝나는 대명사는 형용사가 뒤에서 수식하므로, 형용사 special을 someone 뒤에 쓴다.

SECTION 07

1

정답 **1** ③ **2** (1) T (2) F **3** ② **4** poor, gift boxes

문제 해설

1 박싱 데이라는 이름을 짓게 된 이유와 오늘날의 형태에 관한 글이므로, 주제로는 ③이 가장 알맞다.

2 (1) 문장 ①-②에 언급되어 있다.

(2) 문장 ⑬에서 저렴한 가격에 많은 물건들을 살 수 있다고 했다.

3 주어진 문장은 '그러나 오늘날 박싱 데이는 다르다'는 내용으로, 박싱 데이라는 이름의 유래에 대한 내용의 문장 ⑨와 요즘 박싱 데이에 하는 일에 관한 내용의 문장 ⑩ 사이인 ②에 오는 것이 가장 알맞다.

4 문장 ④-⑨에 언급되어 있다.

> 아마도 박싱 데이의 이름은 <u>가난한</u> 사람들을 돕는 교회, 혹은 노동자들을 위한 <u>선물 상자</u>들에서 유래했을 것이다.

본문 직독 직해

① The day after Christmas / has a strange name. /
크리스마스 다음 날은　　이상한 이름을 가지고 있다
② It is called Boxing Day. /
그것은 박싱 데이라고 불린다
③ No one knows the exact origin. /
아무도 정확한 기원을 알지 못한다
④ Maybe / it came / from churches. /
어쩌면　그것은 왔다　교회에서
⑤ People in churches collected things / for the poor. /
교회의 사람들은 물건들을 모았다　가난한 사람들을 위해
⑥ They used boxes. /
그들은 상자들을 사용했다
⑦ Or / maybe / it came / from gift boxes. /
또는　아마도　그것은 왔다　선물 상자들에서
⑧ Some people had to work / on Christmas Day. /
몇몇 사람들은 일을 해야 했다　크리스마스에
⑨ They received gift boxes / after work. /
그들은 선물 상자를 받았다　일이 끝난 후에
However, / Boxing Day is different / today. /
그러나　박싱 데이는 다르다　오늘날
⑩ There are many sports events / on TV. /
많은 스포츠 경기가 나온다　TV에
⑪ People watch them / all day. /
사람들은 그것들을 본다　하루 종일
⑫ There are many sales, / too. /
할인 판매를 많이 한다　또한
⑬ People can buy many items / at low prices. /
사람들은 많은 물건을 살 수 있다　저렴한 가격에

본문 해석

　크리스마스 다음 날은 이상한 이름을 가지고 있다. 그것은 박싱 데이라고 불린다. 아무도 정확한 기원을 알지 못한다. 어쩌면 그것은 교회에서 왔을 수도 있다. 교회의 사람들은 가난한 사람들을 위해 물건들을 모았다. 그들은 상자들을 사용했다. 또는 아마도 그것은 선물 상자들에서 왔을 수도 있다. 몇몇 사람들은 크리스마스에 일을 해야 했다. 그들은 일이 끝난 후에 선물 상자를 받았다. <u>그러나 오늘날 박싱 데이는 다르다.</u> TV에 많은 스포츠 경기가 나온다. 사람들은 하루 종일 그것들을 본다. 할인 판매 또한 많이 한다. 사람들은 많은 물건을 저렴한 가격에 살 수 있다.

구문 해설

② It **is called** Boxing Day.
→ 「A be called B」는 'A는 B라고 불리다'의 의미이다.

③ **No one** knows the exact origin.
→ 「no one ~」은 '아무도 ~않다'의 의미이다.

⑤ People in churches collected things for **the poor**.
- ➡ 「the+형용사」는 '~한 사람들'의 의미이다.
⑩ **There are many sports events** on TV.
- ➡ 「there are+복수 명사」는 '~들이 있다'의 의미이다. (*cf.* there is+단수 명사: ~가 있다)

정답 **1** ②　**2** (1) F (2) F　**3** ③　**4** the meat

문제 해설

1 꽃에서 먹이를 얻는 보통 벌과 다르게 고기를 먹는 독수리 벌에 관한 글이므로, 제목으로는 ②가 가장 알맞다.

2 (1) 문장 ④에서 더운 곳에 산다고 했다.

(2) 문장 ⑦에서 파리를 쫓아낸다고 했다.

3 독수리 벌이 죽은 동물의 몸에 들어가 고기를 모아서 벌집으로 가져가는 과정을 설명하는 내용 중에, 죽은 동물은 나쁜 냄새가 난다는 내용의 (c)는 글의 흐름과 무관하다.

4 바로 앞 문장 ⑬에 언급되어 있다.

본문 직독 직해

① Most bees get food / from flowers. / ② But / some eat meat. / ③ They are called
대부분의 벌은 먹이를 얻는다　꽃으로부터　　　하지만　몇몇은 고기를 먹는다　　그들은 독수리

vulture bees. / ④ Vulture bees live / in hot places. / ⑤ They find dead animals. /
벌이라고 불린다　　독수리 벌은 산다　　더운 곳에　　　그들은 죽은 동물들을 찾는다

⑥ These are usually birds, monkeys, or snakes. / ⑦ The vulture bees chase away
이것들은 보통 새, 원숭이, 또는 뱀이다　　　　독수리 벌은 파리들을 쫓아낸다

flies. / ⑧ Then / they enter the animal's body. / ⑨ They collect meat. / ⑩ They carry
그리고 나서　그들은 동물의 몸으로 들어간다　　그들은 고기를 모은다　　그들은 그것을 옮긴다

it / with their legs. / (⑪ Dead animals smell bad.) ⑫ The bees bring / the meat / to their
다리로　　　　죽은 동물들은 나쁜 냄새가 난다　　그 벌들은 가져온다　고기를　　벌집으로

hive. / ⑬ They store the meat / there. / ⑭ Later, / baby vulture bees eat it. /
그들은 고기를 저장한다　　그곳에　　나중에　새끼 독수리 벌들이 그것을 먹는다

본문 해석

대부분의 벌은 꽃으로부터 먹이를 얻는다. 하지만 몇몇은 고기를 먹는다. 그들은 독수리 벌이라고 불린다. 독수리 벌은 더운 곳에 산다. 그들은 죽은 동물들을 찾는다. 이것들은 보통 새, 원숭이, 또는 뱀이다. 독수리 벌은 파리들을 쫓아낸다. 그리고 나서 그들은 동물의 몸으로 들어간다. 그들은 고기를 모은다. 그들은 그것을 다리로 옮긴다. (죽은 동물들은 나쁜 냄새가 난다.) 그 벌들은 고기를 벌집으로 가져온다. 그들은 고기를 그곳에 저장한다. 나중에, 새끼 독수리 벌들이 그것을 먹는다.

구문 해설

③ They **are called** vulture bees.
- ➡ 「A be called B」는 'A는 B라고 불리다'의 의미이다.
⑥ These are **usually** *birds, monkeys, or snakes*.
- ➡ usually는 '보통'의 의미인 빈도부사로, 주로 be동사, 조동사 뒤나 일반동사 앞에 온다.
- ➡ 명사 birds, monkeys, snakes가 「A, B, or C」의 구조로 병렬 연결되어 있다.

⑩ They carry **it** with their legs.

   → it은 앞 문장의 meat을 가리킨다.

⑪ Dead animals **smell bad**.

   → 「smell+형용사」는 '~한 냄새가 나다'의 의미이다.

⑫ The bees **bring** the meat **to** their hive.

   → 「bring A to B」는 'A를 B로 가져다 주다'의 의미이다.

⑬ **They** store the meat **there**.

   → They는 앞 문장의 The bees를, there는 앞 문장의 their hive를 가리킨다.

본책 • pp. 72-73

정답 **1** ② **2** ① **3** ③ **4** 세 권 **5** return

문제 해설

1 이용 규칙에 관한 안내이므로, 글의 목적으로는 ②가 가장 알맞다.

2 빈칸 뒤에 도서 대출과 이용 규칙에 관해 설명하고 있으므로, 빈칸에는 ① '도서관'이 가장 알맞다.

   ② 병원 ③ 서점 ④ 우체국

3 ③: 문장 ⑪에서 뚜껑이 있는 음료는 허용된다고 했다.

   ①은 문장 ④에 ②는 문장 ⑤에, ④는 문장 ⑫에 언급되어 있다.

4 문장 ⑦에 언급되어 있다.

> Q: 방문자들은 한 번에 몇 권의 책을 빌릴 수 있는가?

5 '누군가에게 무언가를 돌려주다'의 의미를 가진 단어는 return(반납하다)이다.

본문 직독 직해

① **Guide** / **for Library Visitors** /
안내   도서관 방문자를 위한

② **Hours** /
시간

• ③ Tuesday to Friday: 9 a.m. to 8 p.m. /
화요일부터 금요일까지: 오전 9시부터 오후 8시까지

• ④ Saturday and Sunday: 9 a.m. to 6 p.m. /
토요일과 일요일: 오전 9시부터 오후 6시까지

• ⑤ We're closed every Monday. /
매주 월요일은 휴무입니다

⑥ **Borrowing** /
대출

• ⑦ You can borrow three books / at a time. /
당신은 세 권의 책을 빌릴 수 있습니다   한 번에

• ⑧ You must return the books / within two weeks. /
당신은 책을 반납해야 합니다   2주 이내에

⑨ **Rules /**
규칙

- ⑩ Food is not allowed. / ⑪ Drinks with a lid / are okay. /
  음식은 허용되지 않습니다　　　뚜껑이 있는 음료는　　괜찮습니다

- ⑫ Pets are not allowed, / except for service dogs. /
  반려동물은 허용되지 않습니다　보조견을 제외한

- ⑬ Please / speak quietly. / ⑭ Please / do not disturb others. /
  바랍니다　조용히 말씀해 주시길　　바랍니다　다른 분들을 방해하지 말아 주시길

- ⑮ All phones must be in mute mode. /
  모든 전화기는 무음 설정되어야 합니다

도서관 방문자를 위한 안내

시간

- 화요일부터 금요일까지: 오전·9시부터 오후 8시까지

- 토요일과 일요일: 오전 9시부터 오후 6시까지

- 매주 월요일은 휴무입니다.

대출

- 당신은 한 번에 세 권의 책을 빌릴 수 있습니다.

- 당신은 2주 이내에 책을 반납해야 합니다.

규칙

- 음식은 허용되지 않습니다. 뚜껑이 있는 음료는 괜찮습니다.

- 보조견을 제외한 반려동물은 허용되지 않습니다.

- 조용히 말씀해 주세요. 다른 분들을 방해하지 말아 주세요.

- 모든 전화기는 무음 설정되어야 합니다.

⑦ You **can borrow** three books at a time.
→ can은 '~해도 된다'의 〈허락〉을 나타내는 조동사로, 뒤에 동사원형이 온다.

⑧ You **must return** the books within two weeks.
→ must는 '~해야 한다'의 〈의무〉를 나타내는 조동사로, 뒤에 동사원형이 온다.

⑩ Food **is not allowed**.
→ is not allowed는 '허용되지 않다'의 의미로, 「be+p.p.」의 수동태이다.

⑪ **Drinks** [with a lid] **are** okay.
→ 전치사구 [ ]의 수식을 받는 복수 명사 Drinks가 주어이므로, 복수형 동사 are가 쓰였다.

⑫ Pets **are not allowed**, *except for* service dogs.
→ are not allowed는 '허용되지 않다'의 의미로, 「be+p.p.」의 수동태이다.
→ except for는 '~이 없으면, ~을 제외하고는'의 의미이다.

⑬ **Please speak** quietly.
→ 동사원형 speak이 문장 맨 앞에 와서 명령문으로 쓰였으며, 공손한 표현으로 Please가 그 앞에 쓰였다.

정답
1 price **2** enter **3** hive **4** lid **5** service dog **6** collect **7** ⓒ **8** ⓐ **9** ⓑ
10 ② **11** ③ **12** chase away **13** comes from **14** except for
15 Food is not allowed.
16 The bees bring the meat to their hive.
17 No one knows the exact origin.

문제 해설

1 price: 가격

2 enter: 들어가다

3 hive: 벌집

4 lid: 뚜껑

5 service dog: 보조견

6 collect: 모으다

7 rule(규칙): ⓒ 사람들이 다 같이 지키기로 한 지침

8 exact(정확한): ⓐ 정확하거나 올바른

9 store(저장하다): ⓑ 나중에 사용하기 위해 무언가를 보관하다

10 그는 매우 <u>가난해서</u> 돈이 거의 없다.

　① 낮은　② 부유한　③ 분명한　④ 이상한

11 그녀는 문을 <u>조용히</u> 닫았다.

　① 보통　② 아마도　③ 시끄럽게　④ 항상

12 chase away: ~을 쫓아내다

13 come from: ~의 출신이다, ~에서 생겨나다

14 except for: ~을 제외하고

15 '허용되지 않다'라는 의미로, 「be+p.p.」 형태의 수동태 is not allowed를 쓴다.

16 'A를 B로 가져다 주다'라는 의미의 bring A to B를 쓴다.

17 '아무도 ~않다'라는 의미의 'no one ~'을 쓴다.

SECTION 08

1

정답   **1** ④   **2** (1) F (2) F   **3** ③   **4** 열이 (탑의) 철을 팽창하게 하기 때문에

문제 해설

1 프랑스 파리에 있는 에펠탑의 다양한 정보에 관한 글이므로, 제목으로는 ④가 가장 알맞다.

2 (1) 문장 ⑤에서 에펠탑은 철로 만들어졌다고 했다.

(2) 문장 ⑥에서 에펠탑 안에는 세 개의 층이 있다고 했다.

3 빈칸 앞 문장에서 에펠탑의 높이를 언급했고, 빈칸이 있는 문장에서는 앞서 언급한 높이와 달리 여름에 에펠탑이 더 커진다고 했으므로, 빈칸에는 ③ '하지만'이 가장 알맞다.

① 그래서 ② 또한 ④ 예를 들어

4 문장 ⑫에 언급되어 있다.

본문 직독 직해

① The Eiffel Tower is / in Paris, France. / ② It is the symbol of the country. / ③ Gustave
에펠탑은 있다　　프랑스 파리에　　　　그것은 그 나라의 상징이다　　　　Gustave

Eiffel started / to build the tower / in 1887. / ④ It took two years / to finish it. / ⑤ The tower
Eiffel은 시작했다　그 탑을 짓기　　1887년에　　2년이 걸렸다　　그것을 완성하는 데　그 탑은

is made / of iron. / ⑥ There are three floors / in it. / ⑦ There are 1,665 steps / in it. / ⑧ Here's
만들어졌다　철로　　세 개의 층이 있다　　그 안에는　1,665개의 계단이 있다　그 안에는　여기

a surprising fact. / ⑨ The Eiffel Tower is 324 meters tall. / ⑩ However, / it gets bigger /
놀라운 사실이 있다　　에펠탑의 높이는 324미터이다　　　하지만　　그것은 더 커진다

in the summer. / ⑪ Do you know why? / ⑫ The heat makes the iron expand! /
여름에　　왜 그런지 아는가　　열이 철을 팽창하게 한다

본문 해석

　에펠탑은 프랑스 파리에 있다. 그것은 그 나라의 상징이다. Gustave Eiffel은 1887년에 그 탑을 짓기 시작했다. 그것을 완성하는 데 2년이 걸렸다. 그 탑은 철로 만들어졌다. 그 안에는 세 개의 층이 있다. 그 안에는 1,665개의 계단이 있다. 여기 놀라운 사실이 있다. 에펠탑의 높이는 324미터이다. <u>하지만</u> 그것은 여름에 더 커진다. 왜 그런지 아는가? 열이 철을 팽창하게 한다!

구문 해설

② It is the symbol [of the country].
→ [ ]는 the symbol을 수식하는 전치사구이다.

③ Gustave Eiffel **started to build** the tower in 1887.
→ 「start to-v[v-ing]」는 '~하는 것을 시작하다'의 의미이다.

④ **It took two years to finish** it.
→ 「it takes+시간+to-v」는 '~하는 데 (시간이) 걸리다'의 의미이다.

⑤ The tower **is made of** iron.
→ 「be made of」는 '~로 만들어지다'의 의미이다.

⑥ **There are three floors** in it.
→ 「there are+복수 명사」는 '~들이 있다'의 의미이다. (*cf.* there is+단수 명사: ~가 있다)

⑧ **Here's a surprising fact**.
  ➡ 「here is+단수 명사」는 '여기 ~이 있다'의 의미이다.
⑩ However, it **gets bigger** in the summer.
  ➡ 「get+비교급」은 '더 ~해지다'의 의미이다.
⑫ The heat **makes the iron expand**!
  ➡ 「make+목적어+동사원형」은 '~을 …하게 하다'의 의미이다.

본책 • pp. 80-81

정답 1 ④ 2 ④ 3 ③ 4 water, eat

문제 해설

1 건강을 유지하기 위한 좋은 식습관의 중요성에 관한 글이므로, 글의 주장으로는 ④가 가장 알맞다.

2 빈칸 뒤쪽에 건강에 좋은 음식은 에너지를 줄 뿐만 아니라 우리 몸을 튼튼하게 하고 성장하도록 돕는다고 했으므로, 빈칸에는 ④ '중요한'이 가장 알맞다.
  ① 나쁜 ② 깨끗한 ③ 맛있는

3 충분한 물을 마시는 것이 필요하다는 내용과 매일 건강에 좋은 음식을 먹어야 한다는 내용 중에, 대부분의 과일은 나무에서 자란다는 내용의 (c)는 글의 흐름과 무관하다.

4 문장 ⑤, ⑨에 언급되어 있다.

> 건강하게 유지하기 위해 우리는 충분한 물을 마시고 건강한 음식을 먹어야 한다.

본문 직독 직해

① Good eating habits are important / for our health. / ② Healthy foods like fruit and
좋은 식습관은 중요하다 / 우리의 건강에 / 과일과 채소와 같은 건강에

vegetables / give us energy. / ③ They make our body strong. / ④ They help us grow. /
좋은 음식은 / 우리에게 에너지를 준다 / 그것들은 우리의 몸을 튼튼하게 만든다 / 그것들은 우리가 성장하도록 돕는다

⑤ Drinking enough water is necessary, too. / ⑥ But many people don't drink water
충분한 물을 마시는 것도 필요하다 / 하지만 많은 사람들이 물을 마시지 않는다

often. / ⑦ Some drink sweet sodas / instead. / (⑧ Most fruit grows / on trees.) ⑨ We
자주 / 어떤 사람들은 달콤한 탄산음료를 마신다 / 대신에 / 대부분의 과일은 자란다 / 나무에서 / 우리는

should eat / healthy food / every day. / ⑩ This helps us / stay strong and healthy! /
먹어야 한다 / 건강에 좋은 음식을 / 매일 / 이것은 우리를 돕는다 / 튼튼하고 건강하게 지내는 것을

본문 해석

　　좋은 식습관은 우리의 건강에 <u>중요하다</u>. 과일과 채소와 같은 건강에 좋은 음식은 우리에게 에너지를 준다. 그것들은 우리의 몸을 튼튼하게 만든다. 그것들은 우리가 성장하도록 돕는다. 충분한 물을 마시는 것도 필요하다. 하지만 많은 사람들이 물을 자주 마시지 않는다. 어떤 사람들은 달콤한 탄산음료를 대신 마신다. (대부분의 과일은 나무에서 자란다.) 우리는 매일 건강에 좋은 음식을 먹어야 한다. 이것은 우리가 튼튼하고 건강하게 지내는 것을 돕는다!

② Healthy foods [like fruit and vegetables] **give us energy**.
  ➔ [ ]는 Healthy foods를 수식하는 전치사구이다.
  ➔ 「give A B」는 'A에게 B를 주다'의 의미이다.
③ They **make our body strong**.
  ➔ 「make+목적어+형용사」는 '~을 …하게 만들다'의 의미이다.
⑤ [**Drinking** enough water] is necessary, too.
  ➔ [ ]는 주어 역할을 하는 동명사구이다.
⑩ This **helps us *stay*** strong and healthy!
  ➔ 「help+목적어+동사원형[to-v]」은 '~가 …하는 것을 돕다'의 의미이다.
  ➔ 「stay+형용사」는 '~한 상태를 유지하다'의 의미이며, 형용사 strong과 healthy가 접속사 and로 병렬 연결되어 있다.

본책 • pp. 82-83

정답   **1 ⓐ: Mount Everest ⓑ: The Yangtze   2 ④   3 ①   4 continent**

문제
해설

1   ⓐ: 앞 문장의 Mount Everest를 가리킨다. ⓑ: 앞 문장의 The Yangtze를 가리킨다.
2   ④: 문장 ⑧-⑩에서 아시아에서 가장 긴 강인 양쯔강은 세계에서 세 번째로 길다고 했다.
       ①은 문장 ①에, ②는 문장 ②에, ③은 문장 ⑤에 언급되어 있다.
3   ①: 아시아에서 가장 많은 사람이 사는 나라에 대한 언급은 없다.
       ②는 문장 ③에, ③은 문장 ⑥에, ④는 문장 ⑨를 통해 알 수 있다.
4   '여러 나라가 포함된 커다란 땅 덩어리'라는 의미를 가진 단어는 continent(대륙)이다.

본문
직독
직해

① Asia is the largest continent / in the world. / ② About 60% of people / in the world
아시아는 가장 큰 대륙이다   세계에서   약 60%의 사람들이   세계의
live there. / ③ There are 48 countries / in Asia. / ④ Russia is the largest country / in
그곳에 산다   48개국이 있다   아시아에는   러시아는 가장 큰 나라이다
Asia. / ⑤ The Maldives is the smallest country / in Asia. / ⑥ The highest mountain /
아시아에서   몰디브는 가장 작은 나라이다   아시아에서   가장 높은 산은
in Asia / is Mount Everest. / ⑦ It's also the highest mountain / in the world. / ⑧ The
아시아에서   에베레스트산이다   그것은 또한 가장 높은 산이다   세계에서
Yangtze is the longest river / in Asia. / ⑨ It is about 6,300 kilometers long. / ⑩ It is the
양쯔강은 가장 긴 강이다   아시아에서   그것은 대략 6,300km 길이이다   그것은
third longest river / in the world. /
세 번째로 긴 강이다   세계에서

본문
해석

  아시아는 세계에서 가장 큰 대륙이다. 세계의 약 60%의 사람들이 그곳에 산다. 아시아에는 48개국이 있다. 러시아는 아시아에서 가장 큰 나라이다. 몰디브는 아시아에서 가장 작은 나라이다. 아시아에서 가장 높은 산은 에베레스트산이다. 그것은 또한 세계에서 가장 높은 산이다. 양쯔강은 아시아에서 가장 긴 강이다. 그것은 대략 6,300km 길이이다. 그것은 세계에서 세 번째로 긴 강이다.

① Asia is **the largest** continent in the world.

→ 「the+형용사의 최상급」은 '가장 ~한'의 의미이다.

② About 60% of people [in the world] live there.

→ [ ]는 About 60% of people을 수식하는 전치사구이다.

③ **There are 48 countries** in Asia.

→ 「there are+복수 명사」는 '~들이 있다'의 의미이다.

⑥ The highest mountain [in Asia] is Mount Everest.

→ [ ]는 The highest mountain을 수식하는 전치사구이다.

⑩ It is **the third longest** river in the world.

→ 「the+서수+형용사의 최상급」은 '~번째로 (가장) …한'의 의미이다.

정답
1 tower **2** fruit **3** heat **4** soda **5** surprising **6** mountain **7** ⓒ **8** ⓑ
9 ⓐ **10** ③ **11** ① **12** is made of **13** enough **14** the smallest
15 It took two years to finish it.
16 They make our body strong.
17 It is the third longest river in the world.

문제 해설

1 tower: 탑

2 fruit: 과일

3 heat: 열기, 열

4 soda: 탄산음료

5 surprising: 놀라운

6 mountain: 산

7 fact(사실): ⓒ 실제로 있었던 일

8 habit(습관): ⓑ 자주 하는 행동 방식

9 expand(팽창하다): ⓐ 부피가 더 커지다

10 부엌은 지금 <u>깨끗하다</u>.

① 필요한   ② 충분한   ③ 더러운   ④ 건강한

11 그녀는 곧 숙제를 <u>끝마칠</u> 것이다.

① 시작하다   ② 알다   ③ 세우다   ④ 머무르다

12 be made of: ~로 만들어지다

13 enough: 충분한

14 the+형용사의 최상급: 가장 ~한

15 '~하는 데 (시간이) 걸리다'라는 의미의 「it takes+시간+to-v」를 쓴다.

16 '~을 …하게 만들다'라는 의미의 「make+목적어+형용사」를 쓴다.

17 '~번째로 (가장) …한'이라는 의미의 「the+서수+형용사의 최상급」을 쓴다.

문법

초등 Grammar Inside

많은 양의 문제를 통해
초등 영문법 기초 다지기

1 | 2 | 3 | 4 | 5 | 6

Grammar Inside

GRAMMAR BEAN

문법을 처음 시작하는
초급 학습자를 위한 문법서

1 | 2 | 3 | 4

GRAMMAR BUDDY

초등학생을 위한 문법 입문서

1 | 2 | 3

Reading Buddy | Listening Buddy

듣기

능률 초등영어 듣기모의고사 10회

초등부터 중등까지!
영어 듣기평가 실전 대비서

4-1 | 4-2 | 5-1 | 5-2 | 6-1 | 6-2

초등영어 LISTENING TUTOR

주제별 표현 학습을 바탕으로
듣기 기초를 다지는 초등 리스닝 기본서

Beginner 1 | Beginner 2 | Beginner 3 |
Intermediate 1 | Intermediate 2 |
Intermediate 3

LISTENING BUDDY

초등학생을 위한 리스닝 입문서

1 | 2 | 3

Reading Buddy | Grammar Buddy

예비중·중등

능률 중학영어

문법, 독해, 쓰기, 말하기를
함께 배우는 중학 영어 종합서

예비중 | 중1 | 중2 | 중3

문제로 마스터하는 중학영문법

많은 문제로 확실히 끝내는 중학 영문법

Level 1 | Level 2 | Level 3

문제로 마스터하는 고등 영문법

GRAMMAR Inside

많은 양의 문제로 체계적으로
학습하는 중학 영문법

Starter | Level 1 | Level 2 | Level 3

JUNIOR READING EXPERT

앞서가는 중학생들을 위한 원서형 독해 교재

Level 1 | Level 2 | Level 3 | Level 4

능률 중학영어 듣기 모의고사 22회

전국 16개 시·도 교육청 주관
영어듣기평가 실전대비서

Level 1 | Level 2 | Level 3

NE능률 영어교육연구소

NE능률 영어교육연구소는 전문성과 탁월성을 기반으로
영어 교육 트렌드를 선도합니다.

조 은 영 선임연구원   권 영 주 선임연구원
김 영 아 연구원   최   리 연구원

Reading TUTOR 리딩튜터 Starter 1

펴 낸 날   2025년 1월 5일 (초판 1쇄) 2025년 9월 15일 (제4쇄)
펴 낸 이   주민홍
펴 낸 곳   (주)NE능률

지 은 이   NE능률 영어교육연구소
개 발 책 임   김지현
개   발   조은영, 권영주, 김영아, 최리
영 문 교 열   Patrick Ferraro, Julie Tofflemire, Keeran Murphy
디자인책임   오영숙
디 자 인   안훈정, 오솔길, 민유화
제 작 책 임   한성일

등 록 번 호   제1-68호
I S B N   979-11-253-4852-8

대 표 전 화   02 2014 7114
홈 페 이 지   www.neungyule.com
주   소   서울시 마포구 월드컵북로 396(상암동) 누리꿈스퀘어 비즈니스타워 10층

Reading TUTOR 리딩튜터

Starter 1